# 中南海の100日

## 秘録・日中国交正常化と周恩来

鈴木　英司 著

三和書籍

# 目次

## 主な登場人物

**（中国側）**

周恩来（中国国務院総理）
廖承志（中日友好協会会長）
毛沢東（中国国家主席）
孫平化（中日友好協会副秘書長・上海バレエ団団長）
肖向前（中日覚書貿易東京事務所首席代表）
陳　坑（中国外務省日本課長）
王国権（中日友好協会副会長）
銭嘉東（総理秘書）
張香山（中国外務省顧問）
姫鵬飛（中国外務大臣）
韓念龍（中国外務省次官）
王海蓉（中国外務大臣補佐官）
鄧穎超（周恩来夫人）
経普椿（廖承志夫人）
康　生（文革グループ幹部・中共中央政治局常務委員）

**（台湾側）**

蒋　介　石（台湾総統）
蒋　経　国（台湾行政院院長）
彭　孟　緝（台湾日本駐在大使）
張　宝　樹（国民党秘書長）

**（日本側）**

田中　角栄（総理大臣）
大平　正芳（外務大臣）
松村　謙三（自民党元老）
藤山愛一郎（日中国交促進議員連盟会長）
古井　喜実（自民党国会議員）
田川　誠一（自民党国会議員）
岡崎嘉平太（日中覚書貿易事務所代表）
西園寺公一（平和活動家・元参議院議員）
藤田　茂（元戦犯・中国帰還者連絡会会長）
藤田　枝子（藤田茂の娘）
遠藤　三郎（元戦犯・日中友好元軍人の会会長）

竹入　義勝（公明党委員長）
二宮　文造（公明党副委員長）
佐々木更三（元日本社会党委員長）
二階堂　進（内閣官房長官）
小坂善太郎（日中国交正常化協議会会長）
佐藤　栄作（元首相）
賀屋　興宣（自民党元老）
椎名悦三郎（自民党副総裁）
小堀　治子（松村の娘）
高島　益郎（外務省条約局長）
橋本　恕（外務省中国課長）
田中真紀子（田中角栄の娘）

# 1．日中国交正常化「苦難の時代」

一九六〇年代後半、中国ではプロレタリア文化大革命の嵐が吹き荒れていた。もともと一九五七年に毛沢東が「人民の内部矛盾を正しく処理する問題」について演説を行い、反右派闘争を正式に発動したことに端を発した文化大革命は、一言でいえば毛沢東思想による権力構造の確立と徹底のための改革であった。というのも、毛沢東の政治的な立場は絶対であったが、中国の国としての現状は毛沢東体制を永久に保証するものではなかった。そこにさまざまな政治的・経済的・組織的な問題、対立、腐敗などが、常に生じていた。そうした矛盾や反乱の芽を、いかに早期に摘みとるか、それは社会主義国家における権力闘争そのものであった。

江青夫人、陳伯達、張春橋、康生らの左派理論グループと林彪らの軍人グループを組織した毛沢東は、一九六六年に文化大革命を発動し、ブルジョアの道を歩もうとする勢力の打倒を呼びかけ、粛清を始めるとともに新たに紅衛兵を発足させた。

文化大革命初期に既成秩序の破壊に大いに貢献した紅衛兵は、一九六六年五月に清華大学、次いで北京大学につくられたのをきっかけに、全国的に組織されるようになった。当初は、紅五類（労働者、貧下中農、革命犠牲者、幹部及び共産党員の子弟）をもって組織され、腕に「毛沢東思想紅衛兵」と書いた赤い腕章をつけ、赤い表紙のポケット版『毛沢東語録』を手にしていた。

「毛沢東万歳！」「造反有理！」といったスローガンがいたるところに掲げられ、革命歌が街中に流れる北京の街頭でも、取調べの紅衛兵たちが知識人や旧幹部に体罰を加え、家宅捜査を行っては四旧（封建主義、資本主義等の旧思想・旧文化・旧風俗・旧習慣）の書籍を没収するなど、意気高らかに闊歩していた。

文化大革命で盛んに使われたスローガンの「造反有理」は「反逆には道理がある」と訳す。革命が知識人の用語であるのに対して、造反は民衆の止むにやまれぬ反逆をさし、封建時代に「造反無道」（反逆は人間の道に反する）とされていたのを、毛沢東が「造反有理」と言い換えたものである。

後に文化大革命そのものが否定された結果、この言葉も意義を失ったが、当時はその言葉があらゆるものを破壊するための呪文のように使われていた。

彼らの歩いた後には、暴力による傷痕と破壊された文化財、そして火にくべられて無残に燃えた書籍や歴史的な文献の残骸と灰だけが残った。本格化した文化大革命のうねりは中国各地に行きわたり、多くの暴力抗争と派閥抗争、権力闘争を生むなど、行き過ぎた行為による弊害をもたらした。

その日も中国各地で行われていたのと同じような光景が、上海の中心街である南京路で繰り広げられていた。

上海は青島や大連などとともに外国の租界地であったこともあって、中国の中でも外国の面影がある街づくりの、おしゃれな街として知られている。実際に、現地の中国人から「ここを見て、これが中国の街だと思わないでください。むしろ、ここは中国ではないですよ」と、冗談めいた口調で説明されたこともある。

その上海の街も、当時は革命一色で「文化大革命万歳！」「打倒！　経済主義」などのスローガンや「革命造反隊」「紅衛兵」といった赤い旗に満ちていた。街頭には見回りの紅衛兵たちが常に屯していた。

彼らは自分たちの横を、一人の化粧をした婦人が通り過ぎるのを見逃さなかった。まるで獲物を漁るように、慣れた様子で婦人の前に立ちはだかると、脅えたように目をそらす婦人に、

「顔を上げろ！」

と、一人の紅衛兵が長い髪を引っ張った。

「離してください！」

「黙れ！　資本主義の犬め！」

紅衛兵の「犬」という言葉に、キッときつい目を向けた婦人の暗黙の抗議を楽しむように皮肉な笑顔を見せながら、彼はポケットからナイフを取り出した。

「嫌、やめて！」

顔を背けて逃げようとする彼女の叫びを無視し、ものも言わずに婦人の長い髪を切り落とした。

「やめてください！」

歩道に倒れ込んだ婦人に追い打ちをかけるように、彼は切り落とした髪を投げ捨てた。取り乱して泣き叫ぶ婦人の姿を見て、次第に興奮を覚えた紅衛兵たちが手の込んだ刺繍が美しい紺色のチャイナドレスを引き裂いた。婦人の悲鳴が周囲に響きわたる。

「おい、歩きやすくしてやるよ」

そういって、別の紅衛兵がハイヒールを脱がせ、ヒールの踵を外すと彼女に投げて返した。屈辱の思いで両手をついたままの婦人の前に、座り込んだ女の紅衛兵が自分のバッグから万年筆を取り出して、ペン先を婦人の唇に突き立てた。

「赤い口紅は派手過ぎるんじゃない？」

「痛い！」

婦人の唇に青いインクが滲んで、唇の血と混ざって流れ落ちた。

「もう、いいか」

リーダーらしい紅衛兵の声で、解放された婦人は、壊れたハイヒールを残したまま、逃げるように去っていった。

その姿を紅衛兵たちが、薄ら笑いを浮かべながら見送っていた。

彼ら紅衛兵の多くは当時の勢力に利用され、いたずらに分裂・抗争を繰り返して、多くの流血事件を生み、最後には解体された。行き過ぎた粛清の犠牲になった識者・文化人も多く、林彪が中央を追われ、毛沢東の死後、江青夫人、張春橋ら四人組が失脚すると、紅衛兵幹部たちも「四人組分子」として逮捕された。


中国全土で展開された文化大革命は、日中関係の将来にも暗い陰を投げかけていた。

当時、北京に移り住んでいた西園寺公一は、群衆心理に押し切られるように過熱する文革のうねりを不安な思いで見つめていた。

彼の目に映った北京の天安門広場は、数多くの赤旗と波のように押し寄せる群衆たちでいっぱいだった。そして、そこには常に声を合わせて革命歌を歌う赤い腕章をつけた数十万人の紅衛兵たちの姿があった。

また、国家要人たちが住む中南海も、小雨の中、無数に立つ旗に囲まれて濡れそぼって見えた。

「日本のスパイ・廖承志を打倒せよ！」

「中国最大の売国奴・廖承志を引っ張り出せ！」

「命を賭けて廖承志を引きずり下ろせ！」

……等々。

そこらじゅうに貼られたビラの文字が、雨に濡れて滲んでいた。

西園寺公一はもともと明治・大正時代に総理大臣を務めた西園寺公望の孫であり、公爵の位を継承する華族であった。戦前は近衛文麿内閣の若いブレーンだったが、一九四一（昭和一六）年、日本の機密及び駐日ドイツ大使館の情報などをソ連に通報した容疑で死刑になったゾルゲ事件の尾崎秀実と親交があったため、事件に連座して投獄された。

爵位を継ぐことを拒否し、長い間独身を通していたが、中年になって元芸者だった雪江夫人と結婚、当時のマスコミを騒がした。こうしたエピソードから「赤い貴族」と呼ばれるようになった。

戦後は参議院議員に当選し、平和運動に力を注いだ。新中国成立後、政府要人らと親交を深めるなど日中友好に尽力し、五八年には一家で北京に移住。七〇年に帰国したが、その功績によって周恩来から日中間における「民間大使」と呼ばれた。かなり変わった経歴の持ち主であった。

古い友人である廖承志が「売国奴」として糾弾されているビラを見て、彼は「嫌なものを見た」と思いながら、その一方で「いつ自分が廖承志と同じような目にあわないとも限らない」との不安を少しずつ感じるようになっていた。

現に、北京・台基廠一号にある「中日友好協会」前にも同じような貼り紙が貼りつけられていた。

「廖承志をつまみ出せ！」

「廖承志は、日本帝国主義の代理店だ！」

廖承志が会長をしている中日友好協会は一九六二年一一月のＬＴ貿易の成立後、中国側に創設された日本への窓口機関である。六三年一〇月、北京の全国人民政治協商会議礼堂で開催された成立大会は、中華全国総工会、中国人民外交学会など一九団体の発起により行われ、中国側からは副総理の陳毅をはじめ各機関の代表が出席、日本からも石橋湛山はじめ各界の代表団約五〇〇名が参加する盛大なセレモニーとなった。

その中日友好協会に廖承志の姿はない。

雨に濡れながら、しばしビラを見つめて茫然としていた西園寺は、意を決するように事務所の中に入っていった。散らかった室内を見て、とうとう来るべきものがきたかと思いながら、厳しい立場にある廖承志のことを思い浮かべていた。土足で踏みにじられた机が倒されていて、半開きの引出しから書類がはみ出していた。

**［証言］** 肖向前（元中日覚書貿易東京事務所首席代表） 周総理は対日活動を直接指導していたが、総理を補佐し、このグループを実質的に組織したのは廖承志だった。彼の下には専任の職員がいる事務所「廖弁」があった。（二〇〇〇年七月）

**［証言］** 丁民（元外務省日本課副課長） 私たちは廖承志を親しみを込めて「カバン」と呼んでいた。当時、彼は中日友協会長をはじめ一〇以上の肩書を持っていたが、それらの関係資料はいつもカバンの中に入っていたため、彼はいつも大きなカバンを持ち歩いていた。今では考えられないことだが、それらの仕事について彼がすべてひとりでこなしていたということだ。（二〇〇九年三月）

文化大革命の中で、中国の外交はほとんど機能せず、陳毅副総理、廖承志は造反派によって「打倒」されて仕事ができなかった。ただ、周総理だけが膨大な量の仕事をこなし、なんとか中国外交を維持していた。

廖承志は、精神的に追い詰められ、持病の心臓病が悪化して反帝病院に入院していた。正門を、三名の軍服姿の幹部を乗せた一台の軍用ジープが入っていった。玄関には病院の担当者たちが出迎えに出てきていた。彼らの前でジープを降りた三名の幹部は、慣れた様子で病院に入っていった。

彼らが目指す病室のベッドには、すっかりやつれた面影の廖承志が横になっていた。夫人の経普椿が心配そうにつき添っている。

病院の外を一人の紅衛兵が「造反有理！」と叫んで、通り過ぎていった。

それは「病院と言えども、文化大革命と無縁ではない」と宣言しているかのようであった。

幹部たちを病院の事務室に案内した職員たちが、粗相のないように緊張気味に対応している。

「廖承志の容体はいかがですか？」

腕章をつけた中年の幹部が、へりくだった口調で問いかけた。相手は病院の医師か、あるいは医療に携わっている人間であると思うせいか、自然にへりくだった口調になるようである。

「仮病で文化大革命から逃れようとしている患者です。我々はあなた方の命令通り、治療はしておりません」

「そうか。それを聞いて安心した。まさに表彰ものだ」

「今日は、どのような用件で……？」

病院の職員が心配そうに聞くと、一番年長の幹部が、

「彼にいくつかのことを尋問したいのだが」

するとと、彼はうなづいて、

「いつでもよろしいですよ」

と、答えた。

そのころ、病室では経普椿が心配そうに廖承志を見つめながら、意を決したように語りかけていた。

「私は周総理に直訴します」

夫人の真剣な口調に、不安そうな目を向けるが、言葉にならない。黙ったままの夫に経普椿は、部屋の外をうかがうようにして、

「彼らは学生や労働者のはずなのに、いつの間にかペンや道具をナイフや武器に持ち替えている。殺し屋以上に恐ろしい人たちでしょう?」

と、声をひそめて首を振った。

「総理だって危険な身の上だ。私は迷惑をかけたくない」

「でも、あなたの心臓病は重いのでしょう?」

心配する経普椿を安心させるように、意識して力強く、

「心配はいらない。二、三日休めば、元気になるさ」

そういうと、廊下の気配に話を止めた。

部屋のドアが開いて、三人の男が病院の職員たちに伴われて入ってきた。

廖承志はただ驚きの目で三人を見ていた。

一番年長の幹部が、

「中央文化大革命専門調査機関を代表して、あなたに聞きたいことがある」

そう言って、手を振って人払いをすると、病院の職員たちは部屋を出ていってしまった。経普椿が心配そうに尋問を受ける廖承志の様子を気にかけている。

三人による取調べは、すぐに核心に迫った。

「日本人戦犯の釈放は、あなたの意図ですか？」

静かにうなずきながら、

「そうです」

と、答えた。

「その後も、何度も戦犯と接触していたのではないか？」

「その通りですが」

廖承志が平然として答えると、その言葉に驚いた経普椿は、

「あなた……」

と言ったまま、次の言葉を飲み込んだ。

「革命造反派がビラにしている問題点を、あなたはどう思っているのですか？」

「民間人は中央の外交方針や戦略がわかりません。だから、疑問が生じるのは当然です」

「反省してないんですか。あなた自身、いろいろ問題があると認めたではないですか？」

「どういう意味か……わかりかねる」

と、尋問を続ける幹部を凝視する。

「たった今、何度も戦犯と接触していると、自分で認めたではないか！」

誰に言うのでもなく、まっすぐ前を見つめて、

「それのどこが問題なのかね」

と、問い返した。

「……？」

経普椿は、あまりの驚きに言葉が出ない。

「正直に言うと、中央政府はあなたが仕事を通じて日本帝国主義のスパイになって、情報を売っているのではないかと疑っている」

「何……！」

と、言いかけるが興奮して言葉にならない。

水を打ったように静かになった部屋の中で、廖承志の額に冷汗が流れた。胸に痛みを感じて、苦しそうに胸を押さえている。

その様子に気づいた経普椿が、いたたまれずに病室を飛び出していった。

そんな彼女を平然と見送りながら、幹部たちは、なおも責め立てた。

「まだ、認めないのか？」

胸に手を当てて、意識朦朧として天井をにらんでいる廖承志は、「私はスパイじゃない！私は中央政府の許可の下で、戦犯を釈放し、訪中の日本人と接触したのだ」

と、絞り出すように言った。

「誰の許可ですか？」

「毛主席です」

「あとは？」

「あとは周……、いえ、毛主席だけです」

突然、ベッドを叩き、

「はっきり言えよ！　周恩来じゃないのか？」

と、声を荒げる幹部たち。

病室では相変わらず、三人の幹部による尋問が続いていた。

廖承志は言葉が出ず、恍惚としている。天井が回っているのを自覚しながら、ふと意識が消えかかる。

「私はこのまま死ぬのだろうか？」

「廖！」

彼らの呼びかける声が次第に遠のいていく。


血相を変えて、事務室に駆け込んだ経普椿が、

「夫の様子がおかしいんです。医者を呼んでください。お願いです」

懸命に訴える彼女に対して、取り合おうともしない職員たちを前に、無力感に打ちのめされた。

絶望して事務室を後にした経普椿は、夢遊病者のような足取りで受付まで行くと、震える手で電話のダイヤルを回した。

周恩来は夜遅くまで仕事をする夜型人間として有名である。その代わり、徹夜した翌日は、午前中寝ていることも多かった。

文化大革命の真っ最中とあって、毛沢東からすべてを一任された格好の周恩来は、国務院の大きな事務室の中で、忙しい毎日を送っていた。

机上に山積みされた書類に埋もれそうな何台もの電話が、ひっきりなしに鳴っている。

「革命と生産、両方に支障をきたさぬよう武漢の労働者たちに伝えてください」

相手の報告を聞いた周恩来が、励ましのメッセージを送る。

一つの電話を終えた周恩来が受話器を置くと、秘書が別の受話器を渡す。

「はい。周恩来です」

そして受話器の向こうからの報告をあいづちを打ちながら聞いては、次々と適切な指示を与えていく。

「では、すぐ調べてください。それから武器は一つもなくさないように紅衛兵たちに徹底してください。もし、武器が民間人の手に流れたら、社会は大混乱に陥ります」

病院の受付前で、経普椿は受話器を持ったまま、イライラしながら周恩来が電話口に出るのをいまかいまかと待っている。受話器を通して、向こう側の忙しい様子が伝わってくる。

「はい、周恩来です」

「総理。お忙しいところ申し訳ありません……」

経普椿が目を涙で潤ませながら、かすれた声で夫の状況を説明する。

話を聞いた周恩来の顔色が見る見る変わっていった。

「何！　そんな馬鹿なことがあるか」

「いえ、本当のことです。でも、夫は総理に迷惑がかかるといって、電話をかけさせなかったのです。でも……」

受話器を通して伝わってくる経普椿のただならぬ様子に、

「すぐ行きます。あなたは早く病室にもどって、彼の看病をしてやってください」

そう言って、受話器を置くと、周恩来は秘書にただちに車の手配を命じた。彼女が病室に戻ると、そこでは意識の混沌としている廖承志を相手に、幹部たちがなおも尋問を続けようとしていた。

「あなたの他に、スパイ組織のメンバーは誰ですか?」

力なく、ただ頭を振り続ける廖承志。

「あなたたちのうち、誰が日本のスパイと連絡を取っているのですか?」

執拗な問いかけに、廖承志はかすかに頭を振るのだが、言葉にはならない。

「……」

「もう一度たずねる。〝四大金剛夜叉明王〟は誰か?」

四大金剛夜叉明王とは文化大革命で力をふるった造反派がつけた呼び方で、対日関係を処理する廖承志の四人の部下たち、趙安博、王暁雲、肖向前、孫平化を指す。文革によって中日友好協会会長だった廖承志は幽閉状態におかれ、実質的な仕事はできなかったが、彼の部下たちも同様に批判の対象となったのである。

「趙安博、孫平化、肖向前、王暁雲……彼らはあなたの部下でしょう？　つまり、別名四大金剛のな」

軽くうなずく廖承志の顔は真っ青で、目は苦しそうに閉じている。

「紅旗」のシンボルマークをつけた乗用車を飛ばして病院に駆けつけた周恩来が目にしたのは、力尽き絶望の淵に立つ廖承志の姿であった。

部屋に入ってきた周恩来を見て、思わず硬直する幹部たち。お互いに見合ったまま、意外な展開にどうしたらいいのかわからない様子である。

「廖承志は、我が国の宝だ。彼はスパイではない。私が保証する」

毅然として言い放つ周恩来の言葉には、有無を言わさぬ重みがある。

「わかりましたか」

幹部たちに言うと、病院の職員たちに向かって、命令するように言った。

「彼を救うために最善の応急処置を取ってください」

「はい！」

病院の職員たちが急いで病室を去ると、残された幹部たちもそそくさと外に出ていった。

党・政府の最高幹部などの住居が集まる中南海の一角。周恩来の配慮によって、病院から移った廖承志が、静かに庭を見ていた。冷たい秋の風に、ときおりサラサラと枯れ葉が舞い落ちてくる。

その顔は憂愁をたたえ、パサパサの髪は老けて精彩に欠けている。

中南海は中国の歴史に名を残す西大后が君臨した紫光閣、袁世凱が皇帝を謀殺しようとした勤政殿などのある、もともと緑豊かな皇室の御苑であった。新中国後の中南海は、毛沢東、劉少奇、朱徳、周恩来らが住む政治権力の中枢地として知られている。

廖承志が散歩する庭に面した門の側には、常に警備員が立っている。

経普椿が警備員に会釈をしながら、五歳になる孫の文文を連れて庭に入ってきた。そこに廖承志の姿を見つけると、彼女は腰をかがめて文文にささやいた。

「文文、お祖父さんにごあいさつしなさい」

「お祖父さん！　こんにちは」

その声に振り返った廖承志が、

「文文か！　さあ上がりなさい」

と、目を細めながら手招きした。

質素な室内には、ベッドと机と椅子が一つずつ並んでいる。机上は本と書類が山積みになっている。

経普椿がバッグから食べ物を取り出し、机の上に置いた。

「あなたに必要なパンと本は、私が持って来ました」

「ありがとう。お義母さんの体の具合はどうだね？」

「まあまあです。母はいつもあなたのことを気にかけていますが、あなたは忙しくてなかなか家にもどる時間が取れませんと、説明しています」

「すまない。ここにいると、なかなかニュースが入ってこない……。最近、政府筋で何か変わった話を耳にしていないか？」

「朱徳さん（元人民解放軍総司令官）と陳毅さんが批判の対象にされて、外務に関する仕事が麻痺状態だそうです」

頭を振りながら、黙って聞いている廖承志。

「二、三日前も、紅衛兵たちが英国代理大使事務所に火をつけました。事務官たちに、強制的に毛主席の語録を暗唱させたとの噂もあります」

「酷い話だ……」

そういうと、自分では何もできないもどかしさをぶつけるように、つぶやいた。

「総理は私を保護するために、ここに住まわせてくれているのだが、他の人たちはどうしているのか……」

部屋を片づけながら、経普椿は話を続けた。

「日本に関する仕事をやっている人たちのほとんどは、仕事を取り上げられて、取調べを受けているとのことです。西園寺さんは、数日前、うちにお見えになって日本に帰りたいと漏らされていました」

「どうしてだ？」

「さあ……」

首を振りながら、

「あなたに会いたいとおっしゃっていました」

「危険だから私は外に出ることができない。これは、総理の命令でもある。もし機会があれば『こんな状況は一時のことだ、わが党を信じて耐えて欲しい』と、西園寺さんに伝えてくれ」

その西園寺は一九七〇年八月、文化大革命の渦中に日本に帰国。日中関係をめぐる環境は、決して好ましいものではなかった。

だが、そんな中でもLT貿易など、経済面での交流は続いており、七〇年春には、そのレールを敷いた松村謙三が藤山愛一郎をともなって訪中。宿泊先である北京飯店で、周恩来と会見している。

自らも最高幹部の一人として、いつ批判の対象にされるかわからないという恐れと文化大革命の疲れなのか、あるいは癌の病魔がすでに迫っていたのか、柔和で眉目秀麗な、中国の典型的美丈夫として知られた周恩来の表情には、やつれた様子があった。

「総理閣下。お忙しいのに、わざわざ私たちのためにお越しいただき、ありがとうございます」

礼をいう松村に、周恩来が語りかける。

「とんでもありません。先生は、八七歳というご高齢にもかかわらず、わざわざ中国においでになって、立派な後継者をご紹介してくださったのです。その先生が帰国されるのですから、お邪魔して感謝の意を伝えるのは当然のことです」

「恐縮です」

周恩来は藤山に向かうと、

「藤山先生は外務大臣の経験者です。今後、中日友好のために、どうかご尽力をお願い致します。これからも、ぜひ松村先生とご一緒に中国においでください」

「お心遣い、痛み入ります」

藤山が恐縮したように答える。

「私は体の具合が良くないため、訪中は今回が最後になると思います。これからのことは藤山君にお願いするつもりです」

「まだまだお元気でいていただかないと……」

との周恩来の言葉に、松村は、

「残念ながら、私の目の黒いうちに日中の国交正常化を実現するのは難しいようです」

と、後事を託す思いで周を見つめた。

そんな二人の間で、藤山は決意表明するかのように、強い口調で語った。

「先生！　私は、日中国交正常化のため、周総理と松村先生の期待を裏切らないよう最大の努力をする覚悟です」

「期待しています」

立ち上がって藤山と握手する周恩来。松村に向き合うと、

「松村先生は蘭がたいへんお好きということですので、緑牡丹をお持ちしました」

「ほう、緑牡丹を！」

「山東省の荷澤の産です。記念にお持ち帰りください」

松村は緑牡丹を受け取りながら、心から礼を述べた。

「本当にありがとうございます」

その喜びを隠し切れない様子を見て、満足そうに周恩来が言葉をかけた。

「くれぐれも、お大事に」

松村と藤山と固い握手を交わし部屋を出ようとする周を、松村が呼び止めた。

「周総理！」

何事かと振り返る周に、松村は言いにくそうな表情を浮かべて、

「実は、お願いが……」

と、言葉を濁した。ニコリと微笑んだ周恩来が、促すように言った。

「何なりとご遠慮なく」

「廖先生はいま、どうされておりますか。できれば一度、お会いしたいのですが」

松村の願いに一瞬迷った周恩来は、

「わかりました。早急に手配しましょう」

と、必ず会わせることを二人に約束した。

このとき、松村から後継者として紹介された藤山愛一郎は、一九五七（昭和三二）年第一次岸内閣発足時に、望まれて議席のないまま外務大臣として入閣した。すでに財界の重鎮であった彼は、その後、政界入り。旧藤山コンツェルンの財力を背景に政界のスポンサー役を演じ、何度か総裁選に出馬したが、ついに夢を果たせないまま政治生命を閉じた。「絹のハンカチ」といわれて登場した藤山だったが、育ちの良さから来る線の細さが肝心の勝負時に命取りとなったのである。

［証言］丁民（元中国外務省日本課副課長）　周総理には世界各国から来客があったが、特に日本からの客が多く、全体の三分の二くらいは日本からの客だった。総理はどんなに多忙であっても政治家はもちろん学生たちなどどんな客にもすすんで会っていた。また日本からの手紙も多く、それらは私が訳して周総理の事務室に届けていた。（二〇一〇年四月）

江青夫人、張春橋らとともに、文化大革命における左翼理論グループの一人であり、政治局常務委員となった康生は、周恩来といえども無視できない存在であった。

周恩来が松村一行と会った日の午後、彼はいつものように、中南海・康生邸の書斎に籠もっていた。

たくさんの骨董品や掛け軸が、本棚や机の上に所狭しと並べられている中、さまざまな形の古い硯が何百個もある。これらはみな歴代の珍品である。

康生が、それらの硯に拡大鏡を当て、夢中でその龍の図案を見て悦に入っていると、突然、机上の電話が鳴った。

無視していた康生だったが、鳴り続ける電話に眉をひそめながら受話器を上げた。

電話は周恩来からのものだった。

思いがけない相手に驚いた康生は、瞬間的に姿勢を正すと、落ち着いた声で、

「つないでくれ」

と言って受話器を持ち直した。

「もしもし」

受話器の向こうから、周恩来の声が聞こえる。

「康生さん。周恩来です。文革グループの人たちに話したいことがあるのですが」

見えない相手に康生は、ギラリと目を光らせながら周恩来の話に耳を傾けた。

「日本の松村謙三先生が廖承志さんに会いたいと言われております」

事務的な口調で周恩来が言った。

突然の申し出に、康生はしばし沈黙した後、

「せっかくですが、それは私の一存では決められません。明日の会議で検討します」

と、答えた。そして、そのまま「じゃあ、そういうことで」と言って、電話を終えようとすると、周恩来の声が大きくなった。

「それでは遅いのです。松村先生は明日帰国されます。彼は、中日関係で我々の一番大事な友人です」

食い下がる周恩来に、

「で、あなたの意見は？」

と、言いかけた康生だったが、気を取り直すように、

「いいですよ。でも、このニュースは、絶対新聞に載ってはなりません。その点は、注意してください」

そういうと、秘書に命じて廖承志に周恩来の話を伝えさせた。

そのころ、同じ中南海の一角で、廖承志は将棋仲間の王震と将棋をさしていた。

「私が負けのようだ」

形勢不利と見て、王震がつぶやいた。

「そうですね。それじゃ、今日の食事の準備はあなたということになりますな。これは楽しみだ」

廖承志がわざとらしい口調でいうと、王震も冗談めかして、

「私は敗軍の将だ。ご命令には従いますよ」

と、言葉を返した。

だが「楽しみだ」と言った廖承志は、ややあって思い出したように言い直した。

「やっぱり、私がつくろう。あなたの料理は食べられないから」

彼が立ち上がって、台所へ向かおうとすると、使いの事務員が入ってきた。

「いまごろ、何の用だ」というように、廖承志と王震が顔を見合わせた。

「文革グループの首長があなたを外国の客に引き合わせたいと言っていますが」

驚いて声のない廖承志に代わって、王震がたずねた。

「どの首長だ？」

「康生さんです」

王震が不思議そうにつぶやいた。

「康生が？」

「私は行かないと伝えてください」

文化大革命の中で、肩身の狭い思いをしている廖承志としては、ノコノコ出ていってこれ以上あらぬ疑いを着せられてはたまらないという思いからである。

廖承志の「会わない」との返事を、入浴中だった康生は、浴室に顔を出した秘書から聞かされた。

「どういうことだ？」

「廖承志さんは体調が悪く、お会いできないと言われております」

湯船に浸かったまま、目を閉じていた康生は、目を開くと、

「つけあがりやがって……。周恩来の顔を立てて、会議にもかけずに許したというのに」

そうつぶやくと、去ろうとする秘書に命令した。

「この件を周恩来に伝えてくれ」

　北京飯店にある理髪室は、周恩来の行きつけの店である。椅子に座った周に白布をかける理髪師・朱殿華とは、ずいぶん長いつきあいで、お互い気心が知れた関係にある。散髪は、周恩来にとって一つの息抜きでもあった。

　すっかり寛いだ口調で、周恩来が朱に問いかけた。

「雲南省に行かれた息子さんから便りはありますか？」

「ええ。普通は月に一度の便りがありますが、でも半年ないこともあります。手紙に、煙草が吸えるようになったとありました」

「末っ子の娘さんは、確か黒龍江省に行かされたのでしょう？」

「軍の農場で働いていて、一七歳になりました。恋人ができてるみたいで……。相手の男の父親は、元市長です」

「ほう、そうですか。それはいい話じゃないですか」

「ダメですよ。私のような理髪師ごときには、元市長の息子さんなど、釣合いが取れませんよ」

　黙って聞いている周恩来に、思い出し笑いをしながら、朱が続けた。

「でも総理、私の娘は何と言っていると思います？　お父さんは中央の総理の頭を調髪する人です。地方の元市長クラスとは見劣りしません。地方の高官でも一生かかったって、中央の総理にはお目通りできません……なんてことを言っているんですよ」

「アハハハッ」

と、吹き出す周。

笑い声を上げる周恩来に近づいた秘書が、耳打ちした。

それは康生からの伝言で、廖承志が「断った」というのである。

周恩来は急に椅子から立ち上がると、申し訳なさそうに言った。

「朱さん、途中ですまないが、急用ができました。あとで、出直しますから、これで終わりにしてください」

「構いませんよ。総理は忙しい方ですから」

といって、白布を外すと、ブラシで服のほこりを払った。

北京飯店から中南海にもどると、周恩来はその足で広い庭を横切るようにして、廖承志の部屋に入っていった。

部屋の中では、廖承志がベッドに横たわって、本を読んでいた。

「廖さん」

意外な訪問者の声に驚く廖承志。ベッドから降りると、周と握手を交した。

「総理……」

そう言ったまま、さまざまな思いが込み上げてきて言葉にならない。

「この二、三年の間、あなたはずいぶん悔しい思いをされたことと思います」

廖は感激に身を震わせながら、

「い、いいえ、総理。他の人たちと比べると、私の場合はまだましなほうです。こうして本も読めますし、王さんと将棋を指すこともできます」

部屋全体を見回した周恩来は、机に近寄ると、国内外の書籍を手にしながら、

「この二、三年の間に、たくさんの本を読みましたね。羨ましいことだ」

「私は時間を大切にして、本を読もうと思っています。もし、これから仕事で忙しくなるようだと、本を読む時間はなかなか取れませんから」

努めて、明るい口調で廖承志は答えた。

周恩来は改まった口調で言った。

「廖さん、今年、二年間途絶えていた中米大使級会談が再開されました。中国を取り巻く世界の情勢は、米中の接近、さらには中日国交回復に向かって、急速に動いていくはずです。そのときは、廖さん、あなたの力が必要になります。松村先生に会うのは、そのための最初のス

テップです」

「総理！」

二人はキラキラと輝く目で見つめ合い、固く手を握りあった。

そして、廖承志は周恩来を安心させるように、

「わかりました。松村先生と会いましょう」

と言って、笑顔を見せた。

周恩来に促されるかたちで、廖承志は翌日、松村一行を送るために周の車に同乗して空港に向かった。

「廖先生！」しばらくぶりの出会いを懐かしむように、松村はあらためて廖承志の手を固く握った。

「我々はずっとあなたのことを心配しておりました」

松村の言葉に、廖承志は、

「この通り、私は元気にしております」

と、答えた。

「実は、私は日本であなたが亡くなったと聞いていたのです。しかし、これでみんなにあなたが元気であることを伝えることができます。本当に良かった」

〝古い友人〟が心から自分の身を案じてくれている様子に胸を打たれた廖承志は、目を潤ませながら、

「ありがとう。本当にありがとう」

と、握った手に力を入れた。

「でも、みんなは今後のあなたの安全を心配しています。気をつけてください」

「大丈夫です。日本の友人の皆さんに、私は元気だと伝えてください」

最後の別れの場となった空港の搭乗口で、松村と廖承志が別れを惜しむかのように固い握手を交わした。

「廖先生。お身体を大切に。あなたと会って私は安心しました。最後に、すべての日本の友人を代表して、お礼を言いたい」

松村は万感の思いを込めて、別れのあいさつをした。

「ありがとう。私も、その人たち一人一人にお礼を言いたいと思う。中日間には政治的な問題はあっても、先生たちの努力によって、中日友好の勢いは誰にも止めることはできないところまできたと、深く信じております」

この廖承志の思いは、松村たちにも共通するものであった。

やがて、松村たちを乗せた航空機は、雲一つなく晴れ上がった空に消えていった。

## 2．米中頭越し外交と日本

「沖縄返還は我が国の対外関係における、一つの転換点であります。これを機に、今後の日本の外交路線は、自主外交に移行することは確実です。しかし、現在の外交関係が変わるとは思いません。日米関係は日本外交の機軸であり、日中関係は日米関係の内の一部だと深く確信する次第です」

一九七一年七月一六日、長期政権を誇る内閣総理大臣・佐藤栄作は内閣関係閣僚会議の席上、佐藤内閣の仕上げともいえる沖縄返還について力説していた。

さまざまな思惑が行き交う中、福田赳夫外相、水田三喜男蔵相、植木庚子郎法相、竹下登官房長官ら、第三次佐藤改造内閣の面々が思い思いの表情で席についていた。冷静な態度で耳を傾ける者、傲慢な態度で腕を組む者、頑固な表情を崩さない者、困惑した顔の者……。

佐藤が語るように、沖縄返還が日本外交に与える影響が大きいだけに、沖縄返還をめぐる論議は米軍基地の撤退を求める社会党や共産党の反対の動きとともに、佐藤内閣の最大の山場となっていた。

会議室前の廊下では、急ぎ足でやってきた総理大臣秘書官が息を整えながらドアを開けようとしていた。佐藤が声高に話す様子が廊下にまで洩れてくる。一瞬ためらった彼の腕には、佐藤に緊急報告すべき書類が抱えられていた。

重いドアを開けると、発言中の佐藤が秘書官に目をとめた。佐藤のとがめるような視線に、大臣たちもまた非難するような視線で彼を見つめた。

満場の視線を浴びながら、秘書官は一礼をすると、佐藤に近づいていった。そして、無言のまま佐藤の前で書類を開くと、重要箇所を指で示した。

普段でも大きい佐藤の目がギョロと、むき出しになった。

「消息筋によると、ニクソン大統領は来年五月までに中国を訪問することになった。これは、日本時間午前一一時三〇分の発表です」

大きな目で書類に目を通した佐藤は、硬い表情のまま、腕時計に目をやった。

……一一時二七分。

言葉のない佐藤を見守る秘書官の顔も青ざめている。

ただならぬ雰囲気に、各大臣が「何事か?」と、佐藤に視線を集中した。

その中に、佐藤を一瞥後、冷静に周囲を見回す男がいた。

通産大臣・田中角栄である。彼にとって、米中のいわゆる頭越し外交は国際的な政治状況の中では十分にありえることであり、この間の米中接近の当然の帰結でしかない。驚く周囲を見ながら、すでに彼の頭の中のコンピュータは、その先のことを計算していた。

その後、「沖縄の復帰なくして、日本の戦後は終わらない」と訴え続けた佐藤内閣は、七二年五月に沖縄の「核抜き、本土並み」返還を実現した。佐藤は非核三原則の確立、核不拡散条約調印などを評価されて、一九七四年、ノーベル平和賞を受賞した。受賞演説で、沖縄復帰について「世界の歴史の中でも極めて稀な、平和時の外交交渉による領土の回復という大事業を達成した」と語ったが、この復帰は同時に米軍基地の軍事的機能を低下させないことが前提とされており、いまも続く「沖縄基地問題」の火ダネを残したままの復帰であった。

佐藤栄作は、初代総理の伊藤博文以来、桂太郎内閣の七年一〇か月に次ぐ、七年八か月という史上第二の長期政権であった。だが「政界の団十郎」と呼ばれた端正な顔の割には、国民的人気には欠け「栄ちゃんと呼ばれたい」と、思わず本音をもらしたこともあった。

台湾との関係を重視する佐藤にとって、アキレス腱は日中関係であった。第三次池田内閣で科学技術庁長官兼北海道開発庁長官に就任した佐藤は、六四年五月、佐藤派の代議士で中国とも関係のある久野忠治を通じて、来日中の南漢宸と会談したが、このとき佐藤は「自分が政権をとれば、大いに日中関係の改善に努めたい」と明言した。

ところが、実際に政権についた直後の一九六四年一一月、日本共産党の第九回党大会への出席を希望する彭真（中共中央政治局委員、北京市長）を団長とする中国共産党代表団の入国を拒否。さらに、中国の国連復帰に際して、次々と中国を承認する国が増え続ける中、佐藤内閣はアメリカとともに重要事項指定方式の提案国となり、実質的な復帰阻止を行うことによって、池田時代に進展を見せていた日中関係は、政治面では冬の時代に逆もどりした。

日中国交正常化への動きは、日中間を取り巻く国際環境によって大きく左右される。一九七〇年代は、日中関係を含めてアジアをめぐる環境が大きく変化の波にさらされた時代であった。

第二次大戦後、世界は強大な力を持つようになった自由主義の大国・アメリカと、共産主義の大国・ソ連の間でのイデオロギーと政治・経済・社会体制の対立という冷戦構造の時代となった。この冷戦構造がアメリカの外交政策に大きな影響を与えるのだが、それは日本そしてアジアにとっても無縁ではなかった。

第二次大戦が終わった、わずか五年後の一九五〇年六月、朝鮮戦争が勃発したのも、アジアにおけるソ連の影響力の増大と、日本そしてアジアの共産主義化を恐れるアメリカの危機意識の裏返しであった。

政情不安が続くアジアの情勢に常に警戒を怠らず、軍事介入してきたアメリカは、六四年八月、北ベトナムがアメリカの駆逐艦を攻撃したトンキン湾事件をきっかけに、北ベトナムの海軍基地を攻撃。翌六五年二月、本格的な北爆を開始した。いわゆるベトナム戦争の始まりである。

当時、国境問題、周辺諸国との関係、修正主義に走る路線のちがいなどから緊張の高まっていた中ソ関係が悪化。六九年三月には、ソ連との国境の珍宝島での武力衝突事件が起きた。この直後、毛沢東は対ソ戦に備えるように指示し、中国全土で防空壕掘りが始まった。

ベトナム戦争が泥沼化する中で、アメリカもまたソ連と敵対していた。その意味では、両者の接近は共通の敵・ソ連の脅威がもたらしたといえないこともない。

そうした国際的な政治力学が働く中で、七一年七月、キッシンジャー米大統領国家安全保障問題担当特別補佐官が、出張先のパキスタンから秘密裏に北京入りし、周恩来総理と会談した。このとき、三日間のべ一七時間にわたる会談でニクソン大統領の訪中が決まった。

閣議中の佐藤のもとにメモが届いた七月一六日、アメリカは世界にキッシンジャーの訪中の事実とニクソンの訪中予定を公表した。

そして、ニクソン大統領は自らテレビに登場し、全米に向けて声明を発表した。

「周恩来総理は、中華人民共和国を代表して一九七二年五月以前の適当な時期に訪中するよう、ニクソン大統領を招待し、ニクソン大統領は喜んでこれを受諾した。中国と米国の指導者の会談は、両国関係の正常化をはかり、双方に関心のある問題について意見を交換するためである」

その内容は、米中間で秘密裏に行われてきたものであり、その事実を日本政府は、テレビでの発表の直前に伝えられたのだから、まさに晴天の霹靂であった。

なぜなら、アメリカの基本的な対中政策は一言でいえば、中国封じ込め政策であり、だからこそ台湾政府を強く支持してきたのである。そして当然のこと、日本に対しても、対中政策の一環として日中国交正常化に反対を訴えてきたのであった。

だが、アメリカの対中国政策に関する変化の兆候はいくつもあった。

アメリカと中国の友好関係を築く上での突破口となった、いわゆるピンポン外交は、一九七一年三月から四月にかけて名古屋で開催された第三一回世界卓球選手権大会を舞台に展開された代表団同士の交流をいう。当時、日本卓球連盟会長の後藤鉀二が中国チームの参加について中国当局を説得した。それにより、三大会ぶりに参加した中国代表団には、対日関係者の王暁雲が副団長として参加、王暁雲旋風を巻き起こした。そして、代表団は大会後、アメリカチームを北京に招待すると発表し、世界に衝撃を与えた。

その招待を受け入れたアメリカチームは、大会後に訪中し、周恩来総理と人民大会堂で会見した。中国によるアメリカ卓球チーム招待は、対立していた両大国を結び付けることになり、その後のキッシンジャー訪中、国連加盟、さらにはニクソン大統領訪中を経て、米中国交正常化など、新中国建国以来の国際的孤立状態から脱却する道を拓くことになったのである。

だが、そのピンポン外交も、もともとは大会開催中、同時に開かれた国際卓球連盟総会における中国側代表の激烈なアメリカ帝国主義批判から始まった。

三月三〇日、総会の席で中国卓球協会代表の宋中は、アメリカの支援を受けているカンボジアのロンノル政権を厳しく非難し、代表団を送ってきたカンボジアについて「今大会に代表団を参加させるいかなる権限もない」と指摘した。

大会の場に相応しくない発言内容は、彼が中国で用意してきた原稿であった。その場違いな過激さに、まずアメリカ代表団がテーブルを叩き始めると、数十か国の代表が同じように抗議の意思表示を行った。

会場が騒然となる中、やがて議長が休憩を宣言した。

その休憩中のことである。各国代表がホールに出てきてコーヒーを飲んだり、煙草を吸ったりしていた。一足遅れてホールに出てきた宋中は仲間と二人で、コーヒーを手にしながら空いた席を探し、大きな柱がある下のテーブルに座った。

ところが、そのテーブルには何とアメリカ代表団が座っていたのである。気がついた宋中は逃げ出すわけにもいかず、儀礼的に頭を下げた。

「こんにちは、宋さん」

と、アメリカ代表団のスティンホーベン団長が声をかけてきた。

「こんにちは」

宋もまた、ぎこちなく答えた。これが一九六〇年代以来、途絶えていた米中スポーツ界幹部レベルでの初めての接触であったという。白髪まじりのスティンホーベンが、語りかけた。

「中国チームはすごい。羨ましい限りです」

「いえ、それほどでもありません。ヨーロッパや日本の選手もすごいですよ」

「確かに、そうですね。でも、中国チームの参加に、メンバーはみんな喜んでいますよ」

そういうと、スティンホーベンは話題を変えた。

「あなたがた中国の文明は古く、中国人は偉大です。我がアメリカにも絢爛たる文化がありま す。私はこの両国人民の友好を期待しています」

彼の言葉は目の前の敵に対しても、表面上はフレンドリーにふるまう、気さくで明るいアメリカ人そのものだった。宋もまた、印象を一新する必要を感じていたようだった。

「それはとても良いことです、スティンホーベン先生」

「ところで、宋さんご存じですか?」

と、スティンホーベンはアメリカを出発前、国務省のスポークスマンが「アメリカのパスポートによる中華人民共和国訪問を禁止する決定を取り消すことは、大統領が公開の場で表明した大陸・中国との関係を改善する願望と一致する」との声明を出したことについて尋ねてみた。

「ええ、知っています」

そう答えると、宋は笑顔でつけ加えた。

「ということになると、我々はいつか北京でお会いできますね」

スティンホーベンは笑いながら、この束の間の話し合いの印象を述べた。

「宋さん、あなたがた中国人はとても穏やかじゃないですか。なのにあなたはどうして、さっきの演説のように乱暴になれるのですか？」

「ハハハハ」

宋中は爆笑した。それを見ていた複数のカメラマンが米中接近の貴重な瞬間として、たて続けにシャッターを切った。

各国代表団の交流とともに、熱戦の続いた世界卓球選手権は四月一日、団体戦の決勝を迎えた。男女とも勝ち進んだのは日本と中国であった。接戦の末、女子は三対一で日本が、男子は中国が五対二で勝ち優勝した。

その日、ニクソン大統領の特別補佐官キッシンジャーのデスクの上に国務省からのメモが置かれていた。

そこには三月、周恩来が訪中した藤山愛一郎と会見した際のことがメモされていた。つまり、周恩来は藤山に対して「中国とアメリカとの関係は、おそらくある時期に突然注目すべき改善を見るだろう」と語った。また、「アメリカの大統領が初めて中国の正式名称を用いたことに、特に注目している」と語った。

メモには七〇年一二月に『中国の赤い星』を書いたエドガー・スノーが毛沢東、周恩来と会見したことについても触れられていた。そして、そこには「インドシナ戦争のために米中関係が急に改善される見通しはない」と記されていた。

だが、ニクソンは就任早々から、中国に対する働きかけを行っていた。その最初のものが、フランスのド・ゴール大統領に託した中国の指導者への伝言であった。それは「何が起ころうと、アメリカはベトナムから撤退するつもりである」というものであり、ベトナムをめぐって中国と対立したくないという意思を伝えたものであった。

また、七〇年一月には二年ぶりに米中大使級会談がワルシャワで再開された。ただし、米・南ベトナム軍がカンボジア侵攻を行うと、次のワルシャワでの大使級会談の中止を通告するなど、紆余曲折はあったが、一〇月にはニクソンがチャウシェスク・ルーマニア大統領歓迎パーティで中国を正式名称で呼んで注目された。

毛沢東とエドガー・スノーとの会見では、毛沢東が「ニクソン訪中を歓迎する」と発言するなど、その後、中国側からの「ニクソン訪中歓迎」のメッセージが、さまざまな形でアメリカ側に伝えられる中、ピンポン外交、キッシンジャーの訪中へと至るのである。

頭越しに行われたとはいえ、米中の接近は、歴史の必然であろう。そのことは、ニクソンの大統領就任以来の動きを見ればよくわかるはずである。


ニクソン大統領の訪中の予定が発表された数日後の夜。周恩来はさまざまな報告と、指示を仰ぐべき問題のため、中南海にいる毛沢東のもとを訪ねた。

案内された毛沢東の書斎は、いつものように壁一面をおおう書棚が古書をはじめとした多くの本で埋まっていた。床に氾濫する本にも熟読の跡を示す目印の紙が挟み込まれている。テーブルにも読みかけの本と煙草が置かれていた。毛沢東が煙草に火をつけると、周りに紫煙が広がった。

「主席。吸いすぎではありませんか」

心配そうな顔で周恩来が言うと、名残り惜しそうに煙草をもみ消した。

「止めるのは難しい。混乱した頭には煙草がいいんだ」

と、自分の頭を指した。そして、

「この二、三日のうちに南のほうを視察する予定だ」

というと、激しく咳をした。

タイミング良く、お茶を運んできた女性秘書が周恩来に微笑みながら、慣れた様子で毛沢東の背中を軽く叩いた。ソファに背をもたせかけ、目を閉じる毛沢東に、女性秘書がたたみかけるように言った。

「お薬の時間です」

毛沢東が目をつむったまま手を振って拒むと、彼女は周恩来のほうを見て、仕方なさそうに出ていった。その様子を見ながら、周恩来が言った。

「医者の指示通りに薬をお飲みにならないと……」

「医者の言うことは、三割までは信じてよいが、半分も信じてはいけない。自分の身体は自分が一番よくわかっているんだからな」

といいうと、煙草に伸ばそうとした手を止めた。

「そうそう、党内新聞を見たんだが、ニクソン訪中について各国の反応が載っていた。なかなか面白かったが、しかし、佐藤という人だけは頑固と見える」

「そうです。日本各界の多くの人々や、あらゆる野党の人たちは彼の対中国政策が不満なようです。また、自民党内部でも、たくさんの議員たちが不満を述べています」

「中日国交正常化は歴史の勢いで、誰にも止めることはできない。それにしても佐藤氏は時代の流れに疎く、傑出した人物とは言えないようだ。彼では、何とかしようと思ってもやり遂げることは難しいと思う。大体、この人は言動不一致で、首相になる前は中日関係改善を唱えていたのに、首相になったとたん意見が変わった。本心で我々と仲良くできないような人は、相手にしなくてもよい。私は、そういう類の人間は好きではない」

「日本人はニクソン訪中をいいことだと見ています。佐藤氏は受け身の立場に追い込まれて、なす術もなく迷っているようです。数日前も、パキスタンに駐在していた日本大使が我々中国に接触したいと言ってきましたが、私は相手にしませんでした。次の国連大会で、我々が国連に復帰するとき、佐藤氏の決心がどうなるか、様子を見る必要があります。しかし、いろいろな情報によると、彼は台湾政府を捨てる勇気はないようです。つまり、次期内閣を待つより仕方がないと思います」

「国内外のすべてのことは、あなたに任せます」

そういうと、毛沢東は思い出したというように尋ねた。

「廖さんはどうしてますか？」

「この数年、何もやっておりません。身体の具合も良くないようです」

「対日問題においては、彼はかけがえのない人材です。彼にいろいろと手助けをしてあげてください。他の人の言葉に耳を傾ける必要はありません。その人たちは、自分は偉いと思っているのですが、右に行ったり左に行ったり、定まりません」

「はい」

「売国奴と裏切り者でさえなければ、誰でも仕事に復帰させてあげてください」

そういうと、毛沢東は疲れたようにソファにもたれかかった。

「主席、お休みになってください」

周恩来の言葉に、軽くうなずくと、

「あなたも身体に気をつけてください。この前会ったときよりも、痩せているように思います」

「はい。では失礼して、休ませていただきます」

周恩来は、中南海の北西角にある西花庁の自宅にもどると、処理しなければならない仕事を片づけ始めた。

医者から薬を処方されている毛沢東同様、周恩来もまた主治医の張佐良が常に身近にいて彼の体調を気づかっていた。

だが、毎日深夜まで執務をしている周恩来につきあうのは大変である。そこで、張佐良はいつも当直室で深夜まで読書をしていた。

その夜も、彼は時計の針が二時を示すと、本を閉じて、まだ灯が点いている周恩来の部屋に向かった。

静かに部屋に入ってきた張に気づいた周恩来は、机に向かったまま言った。

「また来たのか？」

「総理、そろそろお休みになったほうが……」

「わかっている。すぐ休む」

そういうと、周恩来は眼鏡を外して立ち上がり、思い切り背伸びをした。

一九六五年秋に党から派遣された張佐良は、子どものいない周恩来夫妻をプライベートな部分から政治的な部分までを、もっとも身近で見てきたいわば身内のような存在でもあった。張佐良もまた孤児として育ったこともあって、鄧穎超夫人から「自分たち夫婦を本当の両親のように思ってください」と言われて主治医になっていた。

「ちょっと庭に出てみないか」

周恩来がゆったりした歩調で歩く、その後を張佐良がついていく。歩く音だけが、あたりに響き渡る。歩みを止めると、あたりは静寂に包まれた。

周恩来が星のきらめく空を仰いで深呼吸をすると、流れ星が一つ、東北方向へ落ちていった。少し感傷的な気分で、周恩来が張佐良に語りかけた。

「一人の人が死ぬと一つの星が空から落ちるという。張君、君は信じるかね?」

「それは迷信です。私は信じておりません。マルクス主義者はそういうものを信じてはいけません」

きっぱりと否定する張佐良を見て、周恩来はすぐに話題を変えた。

「君にはこの問題よりも、もっと興味を引くことが他にある……」

「えっ?」

いぶかしがる張佐良に、周恩来は笑いながら言った。

「今、一番興味を持っていること、それは私を休ませること。そうでしょう?」

張佐良が苦笑しながら、うなずくと、

「よし、ご命令に従おう」

周恩来が部屋にもどろうとすると、秘書の銭嘉東が急ぎ足で歩いてきた。

「どうした、急な用か?」

周恩来の問いに、銭は何か言いたそうだが、張佐良を見てためらった。

「用があるなら早く言いなさい」

「はい。東京に駐在している者からの電話によると、松村先生が亡くなりました。遺族が総理の弔電をほしいと言っているそうです」

秘書の報告に、思わず夜空を仰ぐ周恩来。ついに来るべきものが来たとの思いで、自分に言い聞かすように呟いた。

「ああ、人は歳を取るが、天は歳を取らない……。松村先生の一生は、中日友好のために捧げられた尊いものだったのに……」

大事なときを迎えている日中関係の今後に思いを馳せながら、周恩来は松村の死を嘆き、失ったものの大きさに天を仰いだ。

部屋にもどると、張佐良に「すぐ休む」といった周恩来だったが、眠れぬまま思いは自然と、ともに日中友好に尽力した古い友人たちに還っていった。

一九六四年四月、秦皇島（河北省の港湾都市）の海上を一隻の貨物船が港に向かって近づいてくる。船腹には「玄海丸」の文字。デッキ上で数人の日本人が海を眺めていた。

彼らの一人、白髪の老人が叫んだ。

「中国に着いたぞ！」

自民党顧問の松村謙三だった。彼はそれまでも香港経由で訪中したが、「近い国に行くのに遠回りしたくない」と、その年は日中間の隔たりを縮めるため、初めて船で中国へ直行しようと決心したのだった。自民党最高指導者の一人である松村が、当時の政治環境の中でこのような行動を取るということは、大きな勇気が必要であった。

孫平化と王暁雲の出迎えを受けた松村ら一行は、その後、北京で周恩来と五時間以上におよぶ政治会談を重ね、円満に協議を終えた。このとき、日中双方はいまだ外交関係がない中で、貿易事務所の相互設置と、常駐記者交換の覚書に署名したのである。

その結果、中国に置かれたのが「高碕達之助事務所駐北京連絡事務所」であり、日本に置かれたのが「廖承志事務所駐東京連絡事務所」であった。

松村謙三、竹山佑太郎、古井喜実、岡崎嘉平太……。松村以外にも、松村とともに三木派に属していた自民党衆議院議員の竹山佑太郎は、七八年の総裁選後、三木派を離脱。後に静岡県知事に転身した。

古井喜実は松村の側近として、古くから日中友好に尽力した。日中覚書貿易事務所に関わる政治家の中心的人物であり、後に日中友好会館会長となった。

当時、全日空社長だった岡崎嘉平太は、財界人の立場から日中覚書貿易事務所代表として、高碕達之助亡き後、日中貿易および日中友好に貢献した人物である。

彼らの一人一人の姿を思い浮かべながら、周恩来は心の中で呟いていた。

「みんな私の大切な友人たちだ」

同時に、周恩来は中国側の窓口となっていた廖承志をはじめとした、対日関係者たちが表舞台に復帰できる日が近いことを、彼らに伝えようと考えていた。

翌日、周恩来は松村と親しかった廖承志のもとを訪ねた。

「廖さん、私たちの大事な友人である松村先生が亡くなりました」

思いがけない言葉に、言葉が出ない廖承志。

気を取り直すように「自分の目の黒いうちには日中国交正常化は実現できない」と、弱気の発言をしていたことを思い出しながら、独り言のように言った。

「ああ……、今年の四月に別れたばかりなのに」

「葬儀に私からの弔電を欲しいと、家族の方が希望しているようです。弔電ではなく、本来なら私が行かなければならないのですが、国交のない以上、それもかないません。かといって私の代わりに廖さんに行ってもらうことも、いまはできません」

「総理、私は残念で仕方がありません。でも、誰かを総理そして私の代わりに日本に送ってください」

周恩来は廖承志の胸のうちを「わかった」というように、

「廖さん、私もそう思っている」

と、うなずきながら言った。

「総理、いまの政治状況の中では適切な人物は多くはありません」

「廖さんには、誰か思い当たる人がいますか?」

「私は中日友好協会副会長の王国権氏が一番いいのではないかと思います。彼は外交畑を歩き、駐ポーランド大使を務め、ワルシャワでの中米大使級会談においてアメリカと渡り合ってきた人です。中国にいなかった分だけ、いまも政治的立場は自由ですから」

いちいちうなずきながら、周恩来は満足気に、

「廖さん、あなたの考えは私と同じだ。実は私も彼に行ってもらおうと考えていました」

というと、話題を変えた。

「廖さんは、すでにご存じですか? 先月、ニクソンの特使・キッシンジャーが秘密裡に我が国を訪れました」

「ええ。アメリカの人は頭の回転が早いようですね」

「いま世界の情勢が変わりつつあるということを、彼らは敏感に察知しています。日本と西ヨーロッパの経済発展が目覚ましい中、アメリカとしては種々の問題を考え直さなければならないですからね」

「日本とアメリカの関係も変わるでしょうね。キッシンジャーが来た意味は、ニクソン訪中の道を探るためでしょうか?」

「その可能性はあると思います」

「同じように、中日間の問題も間もなく、中央政府に提起されて、検討されることになるでしょうね。日本人もこの問題について敏感ですから、キッシンジャーが帰った後、政局も変わって、必ず新しい局面を迎えますよ」

「あなたの部下の王暁雲さんは、今年ピンポン代表団を連れて日本に行き、王旋風を巻き起こしました。そして、我々のたくさんの古い友人たちは、中日友好に身を投じています」

「しかし、我々の間でも、ある人たちは西園寺さんを理解できずに無視しています」

「私は彼らを許しませんでした」

「……」

不愉快な記憶が、廖承志を沈黙させた。

「あなたは新しい仕事の準備にかかってください。毛主席があなたが仕事に復帰できるように手助けするようにといいました。近々、追放されている対日関係者たちもみんな仕事に復帰できるようになると思います。私は最近、体力が弱ったと感じるようになりました。毎朝、目覚めると、疲労感に見舞われます。いつか、そのまま起きられなくなるかもしれない……」

最後は、力なく消え入りそうな声になる周恩来を前に、廖承志は励ますように、

「国はあなたを必要としています。あと、二〇年は生きていただかないと」

と、語気を強めた。

「ありがとう。私にはまだ実現しなければならない仕事が残っています。でも時間がない。それには廖さんの協力が必要です」

そう言って、廖承志と別れ執務室にもどった周恩来は秘書を呼んだ。

「すぐに、王国権を呼んでください。私の代わりに日本へ行ってもらう」


松村謙三の通夜は、東京郊外にある瀟洒な松村の家で行われた。趣味のいい築山に池、石、花壇などが優雅に配置されている古風な庭園を、夕日が赤く染め始めるころ、静かに読経が流れてきた。

松村の遺影が掲げられた和室の大広間に設けられた祭壇前には、喪服を着た親族、友人たちが数珠を手に座っていた。しめやかな通夜の雰囲気を破るように、突然、障子が開くとただならぬ様子で松村の息子の進が入ってきた。

関係者一同が驚く中、松村の次女・小堀治子がとがめるように進を見つめた。その視線を跳ね返すように、進はハアハア荒い息をしながら、

「恵比寿の覚書事務所からの電話で、周恩来総理のお心遣いで、中日友好協会副会長の王国権先生を親父の葬式に参列させるとの知らせがありました」

「周総理が……」

その知らせの重みを、ありがたく受け止めながら、治子は何も言えずに目を潤ませた。ハンカチで涙を拭くと、治子は松村の遺影の前に跪いて、泣きながら、

「お父さん、あなたが尊敬されてた世界で一番偉大な周総理が、お葬式のためわざわざ日本に副会長の王国権先生を派遣してくださるそうです。……お父さんもきっと天国で喜んでいるでしょうね……」

それだけ言うと、顔を伏せて激しく嗚咽した。彼女の周りで誘われるように、すすり泣く声が広がった。

応接間では、松村とともに何度も訪中した腹心の国会議員・田川誠一と、佐藤の側近である自民党総務会長・保利茂が話し合っていた。

「周恩来総理は松村先生の葬式に王国権氏の派遣を決められた。私は、先程まで首相と一緒だったから、首相もこのことはご存じだ。今後、君には日中関係のことでいろいろと世話をかけることになるが……」

「それは十分にわかっておりますが」

「頼んだよ」

「はい」

と、うなずいた後、田川は注文をつけるように続けた。

「この仕事は、中国人の気持ちが理解できないと難しいことです。竹下官房長官や中曽根幹事長が電話をくれましたが、中国に対する首相の態度が根本的に変わらないことには、私一人の力ではとても無理です」

と、手を振る田川を無視するように、保利はポケットから一枚の名刺を取り出した。

「首相の名刺だ。必ず、王国権氏に渡してくれ」

「えっ?」

困惑の色を浮かべる田川に、保利は肩を叩きながら追い打ちをかけるようにたたみかけた。

「君は、中国筋でもっとも信頼のあった松村先生の腹心じゃないか。頼むよ」

「できるだけのことはやります」

と、田川は名刺を受け取った。

保利としては、沖縄返還に加えて、日中関係の打開を佐藤引退の花道にしたいとの思惑もあったようだ。

「首相は葬儀に出席される。葬儀委員長として、うまく対処してくれ。公衆の面前で首相を困らせないように、十分配慮してほしい。首相への最近の世論の風当たりの強さは君も承知しているだろう」

「ご安心下さい。中国人は、そのような席上では問題は起こしません」

田川は、話を続けた。

「王国権先生は外交官としてベテランです。周恩来総理の指示で弔問に来日されますが、これは中国側が日中関係を重視している表れです。しかし、残念ながら首相はあくまで日中関係改善への決断を下しかねておられる」

保利は、しばし沈黙の後、佐藤の代弁をするように言った。

「首相も苦慮されておるのだ。中国に対する基本方針を変えるには、その時機をうまくとらえる必要がある。党内にはびこる台湾に傾く勢力を過少評価してはならない。その点は、君も承知してくれているね」

「それはわかりますが、首相には政治家としての勇気と決断力が足りないのではないでしょうか」

大胆な田川の言葉に驚きながらも、保利は田川の力を借りるしかなかった。

「取り敢えずは、葬儀で首相を困らせないようにしてくれたまえ。記者たちはこの件について、必ず大騒ぎするから」

一九七一年八月二五日、午前零時の羽田空港。

颯爽と人民服を着た大柄な王国権が、通訳の王効賢と秘書役の江培柱を伴って航空機から降りてきた。

王国権の来日は、後に王旋風といわれたが、その夜の出迎え光景は、まさに日本における日中問題の亀裂と歪みを象徴するものであった。政府は竹下官房長官を出迎えに差し向けるべきかどうかで、二転三転し、結局、到着寸前になってようやく竹下の派遣を決めた。

竹下が複雑な思いを引きずりながら羽田に駆けつけると、空港の待合室は身動きできないほどの報道陣と日中関係者でいっぱいだった。竹下は来てはいけないところへ来てしまったような肩身の狭さを感じるばかりであった。

誰かが竹下に気づいて、譲ってくれた席に小さくなって座っていると、彼を見つけた自民党のある日中関係議員が、

「竹下君たちの出る幕じゃないよ。王国権に会わせちゃいかん!」

と、大声で騒ぎ立てた。

結局、竹下は王国権一行を出迎えたものの、群衆と報道陣に押しまくられ、王国権とは満足にあいさつもできない程度の〝出会い〟でしかなかった。

カメラのフラッシュが炸裂する中で、王国権一行を取り囲んだ数十名の記者たちが次々と質問を浴びせた。

「今度の来日の目的は何ですか?」

「松村氏の弔問の他、何か使命があるんですか？」

「今後の日中関係について、何か一言」

「この来日は、周恩来総理の派遣によるものですか？」

「佐藤総理と会談の予定はありますか？」

王国権は次々と質問を浴びせてくる記者たちに、会釈しながら王効賢に何かつぶやくと、立ち止まって来日の目的について語りはじめた。

「今回の来日の目的は、松村謙三先生の弔問だけです。中日友好のために努力されている日本各界の方々に敬意を表します。それ以外の質問には答えられません」

それだけ言うと、王国権は記者たちをかき分け、乗用車に乗り込んだ。

翌八月二六日、築地本願寺で松村の自民党葬が行われた。門前には「故・松村謙三告別式会場」の大きな看板が立っている。

田川、治子、進たちが門前で、たくさんの弔問客にあいさつをしていると、一台の黒塗りの乗用車が止まった。中から、サングラス姿の王国権一行が降りてきた。

出迎えた田川たちが王国権一行を弔問会場に案内していった。

荘厳な雰囲気の弔問会場には花輪が並び、花に埋もれている祭壇に松村の遺影が飾られていた。天皇、皇后はじめ、中国からは周恩来、廖承志などの名札が並んでいる。

会場の一角に陣取る数百人の記者たちが、田川や王国権一行の動向すべてを逃すまいと、目を注いでいた。

田川が弔問をすませた王国権一行を休憩室に案内すると、そこには内外を問わず、各界の名士たちが集まっていた。一同が固唾を飲んで注目する中、王国権は周囲にていねいに会釈しながら、指定の席に腰をおろした。

その日の主役の一人であることを証明するかのように、たくさんのフラッシュが焚かれた。警戒するような目を向ける王国権。そのとき、入口のほうで異様なざわめきが起こった。

王国権が「何事か」と、視線を向けた先には、数名の側近を従えて入ってくる佐藤首相の姿があった。田川が佐藤に王国権を紹介した。

「周恩来総理の特使、王国権先生です」

立ち上がった王国権がキラリと佐藤を見た。

緊張の漲る一瞬の対峙の後、佐藤が引きつった顔で重い口を開いた。

「わざわざ遠い中国から日本へ松村氏の葬儀にご参列くださいまして、ありがとうございます」

そういって、王国権に手を差し出した。

王国権は佐藤の手を取らず、無言のまま拍手でそれに応えた。

驚いて目を剥く佐藤、茫然とする田川。その瞬間、たくさんのフラッシュが光った。

手を差し出したまま硬直する佐藤の前で、王国権はしばらく拍手を続けた後、表情一つ変えずにおもむろに手を差し出した。隣りで田川がホッと胸をなで下ろしていた。

だが、実現するかどうかが注目された王国権と佐藤首相との会談は、結局実現しなかった。佐藤政権下での日中国交正常化は無理と判断した中国は、佐藤後に期待をつなぎ、佐藤内閣のいかなる提言も取り合うことはなかった。佐藤内閣は中国承認という世界の趨勢と、日中友好を願う日本の世論に背を向け続ける中、ニクソン米大統領は日本の頭越しに中国との国交樹立に踏み切り、常に米国寄りだった佐藤政権に手痛い打撃を与えたのである。


北京にもどった王国権は早速、周恩来に報告するため、人民大会堂に出向いていった。

その日、周恩来は日本学生友好訪中団と接見中であった。秘書に案内されて、接見室に入ると、周恩来が日本代表団の人たちに向かって話をしていた。

「日本の将来は、若いあなたたちの双肩にかかっています。毛主席がこう言っています。若者は活き活きしている朝の太陽です。私は夕日のように、もう老いいくばかりです。あなたたちに、将来は託されています。中日両国の将来は、あなたたちにかかっています。中日友好のための努力をお願い致します」

その言葉に敬意を表すように、学生たちが力を込めた拍手で応えた。

王国権がそばに来ると、周恩来は手を差し出して、握手で迎えた。

「お帰りなさい」

そう言うと、学生たちに紹介した。

「中日友好協会副会長の王国権さんです。彼は松村謙三先生の弔問のため日本に行き、帰ってきたばかりです」

学生たちに会釈する王国権に、周恩来が尋ねた。

「あなたは佐藤さんと握手をしたと聞きましたが?」

うなずく王国権、学生たちを一瞥して、

「佐藤さんは自ら進んで手を出して、私と握手をしようとしたのです」

と、笑いながら、続けた。

「私はどうしようもありませんでした」

鷹揚に笑うと、周恩来が冗談っぽい口調で応じた。

「昔の仇敵が進んで握手を求めてくるとは、何とおかしなことでしょう。でも、その話を聞いて、私は一九五四年のジュネーブ会議を思い出しました。アメリカ代表団の団長だったダレスは私と目を合わせながら、絶対に握手をしようとはしなかった。ところが、その会議の休憩中に、ペデル・スミス副団長が右手にコーヒーを持って歩いてきて、私にこう言いました。『右手にカップを持っているから握手ができません』と。実は、彼は私と話をしたくなかったのです。私はわかっていました。でも、そういうやり方は賢明ではありません。今、仇敵が我々と進んで握手しようとすることは平和と友好が中日両国人民の一つの流れですから、誰にも止めることはできません。それは、歴史発展の趨勢と言えるでしょう」

そう語る周の声は山を越え海を越えて、はるか彼方にまで届くようであった。

松村らの悲願であった日中国交正常化の前に、世界は確実に中国を受け入れ始めており、その流れは中国の国連加盟によって決定的なものとなった。

一九七一年一二月二六日、国連会議で反対七六票、賛成三五票、の圧倒的多数でアメリカと日本が提出した「二つの中国」の法案が否決された。中国は国連での合法的な位置に復帰したのである。

一際目立つアメリカと国連の旗が、他の加盟国の旗とともに風に揺れているニューヨークの国連ビル。歴史的な決定がなされた会議場では、各国代表たちが中国の代表団に祝福の拍手を送っていた。そして、五星紅旗が国連ビルの前に掲げられた。

当時、日本社会では七〇年安保闘争後の過激派による闘争、成田闘争、ベトナム反戦闘争などが続いていた。だが、その日のデモ隊はデモ行進を見慣れた市民にとっても、一風変わっていた。整然と行進していた長蛇のデモの流れの中で、社会党、公明党、総評、中立労連、日中友好協会等々……のプラカードが揺れている。

鉢巻きとたすきには「日中国交回復決断！」「佐藤内閣糾弾！」「日中友好万歳！」などの文字が書かれていた。

群衆の中に、人民服を着た白髪の年配者たちの姿があった。一人の老人のプラカードには、「八・一五日中友好元軍人会」と書かれていた。そして彼らの歩き方は、明らかに軍人訓練を受けたものである。そこには娘・枝子の支えでたどたどしい足つきで歩いていく藤田茂の姿もあった。

デモ隊は国会議事堂前を通って、首相官邸前へと進んでいった。

数台の宣伝車が列の中を縫って進む。煽動するマイクの声が、首相官邸前で一層強くなった。

「日中国交回復は、日本外交の当面の急務である。アメリカ人は日本を売りものにしている。日本の外交は、自立の必要がある。台湾は中国全体を代表することはできない。我々は一日も早く、中国に行きたい。万里の長城とシルクロードを見たい……」

その声もまた、山を越え海を越えて、はるか彼方にまで届くようであった。

一九七二年が明け、佐藤退陣が取り沙汰される中で、佐藤は日米首脳会議のため、福田外相、田中通産相をともなって渡米した。一月六日、サンクレメンテで行われた佐藤・ニクソン会談で、佐藤はアメリカの頭越し外交について、次の言葉を残している。

「自分の中国訪問は、日本、台湾、韓国など友邦諸国の犠牲において行うものではない」

というニクソンに対して、佐藤はこう注文をつけた。

「アジア諸国に与えた影響は米国で考えている以上に深刻なものがあった。今後は連絡を密にしてもらいたい」

それはまさに米中頭越し外交への恨みごとであった。

キッシンジャーの訪中から半年後の一九七二年一月二一日、新春の北京はこれまでの米中関係を象徴するかのように、風が冷たかった。寒風の中、北京空港では中国政府高官たちが一列に並んで、冬霞のかかった空を見上げていた。その列の先頭には、灰色のコートに身をまとった周恩来の姿があった。

ニクソン訪中の様子は、テレビ中継され、世界が注目していた。

北京空港の滑走路に降り立つ米国の航空機が、アメリカ国旗の下で停止した。滑走路の彼方には、大きな毛沢東主席の写真が見えている。移動用タラップが接続され、ニクソンが微笑みを浮かべながら降りてくると、周恩来が笑顔で彼を迎えた。二人が固い握手を交わすと、いたるところでカメラのフラッシュが光った。

東京では首相官邸の応接室で、佐藤が竹下官房長官と首相秘書官らとともにテレビ画面を食い入るように見ていた。

佐藤がニクソンと周恩来の二人の握手に眉を曇らせると、カメラのフラッシュが光った。顔を引きつらせた佐藤が無言で立ち上がり、廊下に出ると記者たちが後を追った。

「総理、ニクソン訪中に関して、何かコメントはありますか?」

いらだたしげに記者を一瞥すると、

「これは、今世紀の偉大な事業であると、彼自身が言っているではないか。私が何もつけ加える必要はない」

と、口をへの字にして去っていった。

ニクソン訪中の中継を複雑な思いで見ていたのは、佐藤首相ばかりではなかった。佐藤に日中国交正常化への取り組みをためらわせてきた台湾の蔣介石親子も同じであった。

テレビでは、北京空港の様子を伝える中継画像が流され、その画面を、蔣経国たちが見つめていた。

蔣介石の側近が「今後、問われることになるのは、共産国となりつつある日本の態度です」と、非難の口調で言うが、蔣介石は彼に賛同するわけでもなく、黙ってテレビを見続けていた。

# 3．田中内閣の誕生

佐藤政権末期の四月のある夜、赤坂の料亭「長島」では、田川誠一と岡崎嘉平太が遅れてくる田中角栄を待っていた。三味線、太鼓、歌声などが聞こえてくる離れの一室で、田川と岡崎がお茶を飲みながら話し合っていた。

特に田中が政権につく可能性が大きくなってきた中で田中が日中国交正常化をどう考えているかは二人にとって大きな関心事だった。襖が開いて「遅くなりました」と、頭を下げながら田中が入ってきた。急いで女中たちが肴を並べ、酒を注ぐのを確認すると、田川が人払いの合図をした。

「田中君。我々二人を呼ぶとは、どういうことかね」

単刀直入な聞き方に、姿勢を正した田中は、

「お二人にいろいろと教えていただきたいことがございます」

と、改まった口調で言った。

岡崎と顔を見合せると、田川は尋ねた。

「中国のことかね？」

「はい」

「田中君。次の総裁の準備だね？」

「その通りです。私は政界に入ったその日から、首相になりたいと思っていました」

きっぱりと言い切る田中を見つめる田川と岡崎。田中は興味を示す二人の視線を感じながら続けた。

「ご承知の通り、沖縄返還後、今、日本が直面する外交の最大の課題は、日中国交回復ということです。しかし、残念ながら、佐藤首相に任せていては、この使命を遂げることは難しいでしょう」

「それじゃあ聞くが、君は日中国交回復の最大の障害はどこにあると思っているのかね？」

それまで黙っていた岡崎が聞いた。

待ってましたと言わぬばかりに、田中は話し始めた。

「当然、台湾問題です。去年、公明党の竹入義勝君が訪中したとき、周総理は日中国交回復に関する中国側の基本原則を伝えています。三か月後、藤山愛一郎氏は、超党派議員連盟代表団を引率して中国を訪問しました。周恩来は、再びその原則を藤山氏に強調しています。核心の問題は、やはり台湾のことです」

「しかし、藤山氏は帰国後、自民党内で停職処分を受けました。この問題について、考えたことがありますか？」

楽観的に見える田中に、岡崎が質問をぶつけた。

「どういうことですか？」

田川が補足するように、説明した。

「自民党内では国交回復に反対する勢力がまだまだ強い。君は彼らを制圧する自信があるかということだ」

「本音を言いますと、今の時点では、まだその計算は立ちません。しかし、中国側が提出した国交回復原則について、私は外務省の橋本恕中国課長、愛知揆一氏、また私の秘書の早坂茂三君に研究してもらっているところです。中国が提出した原則はまちがっていないと思います。ほとんど受け入れることができるでしょう。大筋を認めれば、詳細はそんなに気にすることではありません」

「君は、本当にそう思うのか？」

驚いた様子で、田川は言った。

「これは国家に係わる百年の大計のことです。冗談や出任せではありません」

そう言い切る田中の目を見つめながら、岡崎は意気込んで言った。

「それなら、私と田川君は君のために中国との間を取り持つことができる。しかし、そのときは、君は佐藤総理のときの教訓を肝に命じなければならんぞ」

「……」

うなずきながら、田中は無言で聞いている。

「八年前、佐藤首相は科学技術庁長官兼北海道開発庁長官のとき、同じ派閥の久野忠治君の斡旋で中国側と懇談し、関係改善を明言したが、思わぬことに池田首相が癌で亡くなった後、佐藤君は首相になると豹変し、中国に対する態度が変わった。今では中国は、佐藤首相のどんな発言も取り合わなくなった。それが今の佐藤君の立場を招いたのだ。佐藤君の苦衷は中国における信頼を失ったということだ」

「あなたの言われることはよくわかります。私が総理大臣になったら、すぐ国交回復を進め、既存の外交路線を捨てて、北京に飛んで周恩来と会見したいと思っています。しかし、私は中国に関しては素人です。だからお二人にいろいろと教えてもらいたいのです」

大きくうなずくと、岡崎は田中の目を見て言った。

「中国側は国交回復に関して誠意を持っている。安心しなさい。ついこの前、廖承志氏が政界に復帰した。これは一つの信号だ。というのは、今、中国では左派の圧力をしばらく排除するということに力を注いでいる。私の考えでは、廖承志氏の復帰で、かつての日本の専門家がたくさん起用されると思う」

話の成り行きに興奮の面持ちを隠せない田川は、日中国交正常化は近いと確信した。

「そうなれば、日中国交回復は近いうちに実現できるだろう」

「いろいろ教えていただいてありがとうございました。さ、それじゃ、乾杯ということで……」

田中が銚子を手にすると、岡崎がそれを制して、手を叩いた。

すぐに仲居が一本の茅台酒を下げて入ってきた。

「これは、周恩来総理からいただいた茅台酒です。これで乾杯しましょう」

仲居が茅台酒を田中に注ごうとすると、田中が突然、杯を置いた。

「どうした？」

と言う岡崎に、田中は宣言するように言った。

「いや、私は中国に行って茅台酒を飲む」

「えっ！」

意外な言葉に岡崎と田川が、一瞬、目を見合わせた。

「それまで、茅台酒は飲みません」

「田中君……。よし、約束しよう。必ず実現させたまえ」

田中の決意を感じとった岡崎は、田中にすべてを託す思いで杯を差し出した。

「今夜の酒はうまいぞ」

田川が二人の様子を見ながら、大きな声でそう言うと一気に杯を干した。

文化大革命の中、ニクソン訪中という大仕事をやり遂げた周恩来は、その後体調を崩して、三〇五病院でCTの検査を受けた。

検査室では総理とあって、いつもより多い人数の医者たちが、周恩来の検査に携わっていた。コンピュータ画像を見つめる彼らに緊張の空気が流れる。膀胱から尿路周辺の陰影がわずかに歪んでいたのである。

一通りの検査が終わって、周恩来は服のボタンを留め終えると、医者の一人一人と握手をした。

「ご苦労さん。ありがとう」

「総理、心配いりません。無理が重なったための疲労ですよ」

本来なら、そんな慰めの言葉が出ると思っていた周恩来は、医者たちが無言のまま厳しい面持ちで握手を返すのを見て、いつもとちがう彼らの微妙な変化を知った。

周恩来を送り出した三〇五病院の会議室では、数十名の医師と衛生省の高官たちが集まっていた。室内に重い空気が流れる中、高官の一人が憂鬱な顔で結論を述べた。

「では、初期膀胱癌ということで、認識は一致したわけですね」

黙ってうなずく医師たち。

「異論はありますか？」

再確認するように、衛生省の官員の一人が問いかけた。

やはり、静かに首を振るだけで、誰も言葉を発しない。

「それでは、総理の病状をすぐに主席に報告します。ただし、特に注意してもらいたいのですが、総理の病状については、絶対、外部にもらさないでください」

周恩来の初期膀胱癌については、国家の重要機密として病院関係者たちの間にも厳しい箝口令が敷かれた。

検査を終えて、中南海・西花庁の自宅にもどった周恩来は、書斎でいつもと変わらぬ様子で書類に目を通していた。

着古したシャツ越しに痩せた背中が見える。当番秘書の馬列が、静かに削った鉛筆を机に置いた。邪魔にならないように、そのまま出ていこうとする馬列を周が呼び止めた。

「馬さん」

「はい。総理……」

振り返ると、いくつもの書類を示して、

「これは読み終わりました。明日、早く人民公社に届けて、一五日までに発表してください。これは大学で外国語の人材を養成する報告です。私の意見も書いてサインしました。明日教育省に送ってください。それから、早く計画委員会に行って、聞いてください。なぜ、去年のGNPの統計ができあがってないのかを」

「はい」

馬はうなずくと、腕時計を見た。

その時、庭に車の止まる音がした。

「たぶん、鄧姉さんが見えたのでしょう」

周恩来が庭の通路に目をやると、鄧穎超が重い足取りで歩いてきた。

彼女は先日の検査の結果を持ってきたのである。

その暗い表情の鄧穎超を見て驚いた秘書の馬列が「何か力をつけるものでも」と、考えながら言った。

「台所で夜食をつくらせましょうか」

鄧穎超は手を振ると、

「いいえ、いりません。馬さんは休んでください」

「はい」

と、怪訝な顔で部屋を出ていくと、周恩来が促すように言葉をかけた。

「どうしたのだ？」

目を潤ませて、言葉にならない鄧を見て、

「何か、心配ごとか？」

と、重ねて問いかけた。

「遅かれ早かれ話さなければなりませんから、お話ししますが、この間の検査の結果、初期膀胱癌であることがわかりました」

晩年の周恩来は、自分の体がすでに病魔におかされていることを意識していた。

毛沢東および周恩来と会談したニクソンは、その回顧録で次のように記している。

「中国の指導者たちは、やらねばならない仕事の量に比べて、残された時間はあまりに少ないという思いにとりつかれていた。ある日の午後、いろいろな問題の解決には忍耐が必要なことについて話し合った時、周恩来は『私は一〇年待つことはできません。だが、あなたはできます』」

ある程度の覚悟はできていたとはいえ、癌と宣言されると、さすがにショックは隠せない。米中関係の改善、文化大革命で混乱した中国社会の再建、日中国交正常化など、やるべきことを思い浮かべると、周恩来には時間がなかった。

茫然としたまま、鄧穎超の検査の結果報告を聞いていた周恩来は、わずかに朝の気配が感じられる東の空を見ていた。自分が明日死のうが、病気になろうが、人の運命とは関わりなく朝は必ずやってくる。あまり時間がない周恩来には、それが不思議な気がした。

長い沈黙の後、周恩来はショックをオブラートに包むように言った。

「それじゃ今日から私は、私の人生の残りの時間を考えて生きなければならないな」

「癌」と「夫の死」という問題に直面した鄧穎超が、ふと考えていたことを口にした。

「あなた、魂が存在するということを信じますか？」

「いや、私は信じない。私は唯物主義者だ」

「私も信じません。でも、魂が本当に存在するなら、私たちは永遠に一緒にいられます。そうしないと、私たちは孤独です。あなたのために子どもを生むことができなかった……。たった一人授かった子どもも、生まれてすぐに亡くしてしまいました」

「私はそんなこと、何とも思っていない。とがめたこともないはずだ」

「はい。それを心から感謝しております」

「私は、矛盾と闘争の世界に生きてきたが、幸い、何の後ろめたいことに手を染めることもなく、何の心残りもなく、穏やかに死んでいくことができる」

「私もそう思います。でも、残念ですが、いつまでも一緒にいることはできません……」

「確かに、魂は永遠に存在することはできないが、永遠に存在するものもある」

真剣な眼差しの周を見つめて、鄧穎超もあいづちを打った。

「そうですね」

自分の口から魂の存在を肯定することはできないが、周恩来には自分が死んだら、鄧穎超との思い出も何もかもが消えてしまうとは、とても思えなかった。自分がこれまでしてきたこと、親子の縁、日本の古い友人たちとのこと。それらの歴史と記憶、それぞれの思いは、決して消えることはない。そう考えると、少しは安心できる……。

廖承志の家では、久し振りに集まった子どもたちが歓声を上げながら、おしゃべりに興じていた。

「私の働く農場にも悪い奴がいるよ。党委員会書記をやっている男だけど、農場の若者たちにこう言うんだ。『都会にもどりたいのなら五百元出せ、大学に入りたいのなら、その倍だ』って」

弟の話に呆れて、

「まあ、賄賂を取ろうっていうの？　それを聞いて、あなたは何て言ったの？」

「僕は相手にしないよ。そんな男に金を渡すくらいなら、ドブに捨てたほうがましだ」

廖承志は台所で料理番と一緒に料理をつくりながら、応接間の彼らの話に耳を傾けていた。

「おれなら、お父さんの復帰を待って、口添えを頼むな」

下の弟が言うと、それを聞いていた廖承志が「とんでもないことを言うやつだ」と言いながら、料理の手を止め、台所から出てきた。

「お父さんは共産党だ。国民党じゃない」

そう言うと、驚いて廖を見る息子たちを叱った。

「確かに、お祖父さんは国民党の高官だったが、私は彼を頼ったりしたことはないぞ。私は十代で革命に参加したんだ。お前たちも、もう少し地に足をつけて考えなさい」

息子たちがシュンとなっているところに、経普椿が仕事からもどってきた。

「ただいま、疲れたわ。会議が長引いちゃって」

といって経普椿はコートを脱ぐと、

「ちょっといいですか？」

と、廖承志を寝室に誘った。

「どうしたのだ？」

いぶかる夫に、彼女は周恩来が膀胱癌におかされていること、そしてそれは周恩来自身も知っていることを伝えた。

ときおり、弱気な発言と疲れを訴えていた周恩来の言葉を思い浮かべながら、廖承志は深いため息をついた。

「人の運命ってものはどうにもならないもんだな……。去年の九・一三事件以後、国内情勢はいい方向に向かっているが、対外的には今年は中日関係の大切な時期だから、やらなければならないことがいっぱいある。もし、総理が倒れたら、それをどう乗り切ればいいのか想像がつかない」

野党の中では社会党に続いて、代表団を送って日中国交正常化に積極的に取り組んだのは、公明党であった。特に、委員長である竹入義勝がいち早く日台条約の廃棄を打ち出したことを、中国側は高く評価していた。

一九七二年五月一一日、北京の人民大会堂の玄関では、周恩来と廖承志が大切な日本の客である公明党副委員長・二宮文造の一行を見送りに出ていた。二宮は竹入の名代として、第二次公明党訪中代表団を率いて、北京を訪れていた。竹入は二宮を通して周恩来へのメッセージを託していた。それは同時に、竹入と親しい田中の意向そのものでもあった。

そしてそれを周恩来は知っていたからこそ、逆に竹入の使者である二宮に極めて重要な内容のメッセージを託すことになるのである。

「二宮先生、竹入先生によろしくお伝えください。私はいつでも彼の訪中をお待ちしています」

周恩来が丁重に言うと、二宮と握手を交わした。

「ありがとうございます。必ず、お伝えいたします。周総理、私どもでも日中国交正常化後、日本人がもっとも尊敬するあなたが再び来日できるように招聘したいと思います」

「喜んでお受けいたします。永年の願いですから。しかし、私も歳が歳ですから、その日を待てるかどうか……」

「全力を尽くして、正常化実現のために努力します。ですから、周総理も健康に気をつけられて、国交回復の暁にはぜひ日本においでください」

自分でも、いつか京都を再訪したいと考えていた周恩来は懐かしそうに答えた。

「ありがとう。雨の嵐山、京都の紅葉、懐かしい思い出です。もう五〇年になりますか。日本人の努力であの風景が、より美しくなっていることと思います」

最後に、廖承志が二宮に近づくと、そっと手紙を差し出した。

「これを竹入先生にお渡し下さい。周総理の自筆の手紙です」

うなずいて、二宮は受け取った手紙を大事にポケットにしまった。第一次訪中団を送った後の七一年九月、竹入は党本部前で暴漢に襲撃され、腹部を刺された。この〝第二の浅沼事件〟を中国側は、日中友好のための「殉難」として捉え、結果的に竹入と中国側との関係をさらに緊密なものにしたのである。

［証言］張香山（元外務省顧問）　周総理はよく私に日本の情況について尋ねては学生の頃を懐かしがっていた。特に、琵琶湖が公害によって汚染されているとの話をした時、とてもさびしそうな顔をしたことが印象的だった。（一九九八年七月）

車に乗り込む二宮たちを見送るため、周恩来と廖承志は玄関のほうに歩きながら、空を仰ぐと、廖承志を気遣うように言った。

「そろそろ夜明けだ。体のほうはどうだね？」

「私は大丈夫です。総理のほうこそ……」

自分の健康のことに話題が及ぶのを避けるように、周恩来は話題を変えた。

「仕事は順調かね？」

「ええ」

そういうと、周恩来の目を見て訴えるように言った。

「外交部の幹部たちの質がかなり低いのです。外国語のできない人が大勢いますから」

「そうか。元の部下の、例えば肖向前、孫平化たちは、今、何をしているのだ？」

「山東省の五七農場幹部学校に入れられて四、五年になります」

周恩来は呆れたように首を振った。

「大学でも四、五年もいれば卒業できるだろう？　今年、中日関係は一つの山場を迎えるから、そのような人材を起用する必要がある。もし、大した問題がなければ、すぐ仕事に復帰させてはどうだ」

「わかりました。すぐやります」

当時、周恩来が名前をあげた廖承志の元部下である孫平化は、山東省の五七農場幹部学校に送られていた。あるとき、いつものように作業服姿で豚の飼育に精を出していると、幹部学校の事務員が現れて、彼に事務室に来るように言った。

「はい。わかりました」

と、答えたものの作業途中の孫は、豚たちが餌の奪い合いをしながら食事をするのをじっと見ていた。そんな彼を、担当者はイライラしながら「何をしているんだ！」と促した。

いつもとちがう彼の態度に、急いで事務室に行くと、廖承志からの電報が届いており、そこには「孫氏を早急に北京の仕事に着任させるように。これは周恩来の命令です。廖承志」と記されていた。

「ついに待っていた日がやってきた！」

孫平化は廖承志と周恩来の顔を思い出しながら、満面の笑みを浮かべた。

遠い北京を想像するように、ふと外に目を移すと、五年近く過ごした幹部学校での思い出が、走馬燈のように浮かんでは消えていった。

そして北京では、一人の学者ふうの男が中共中央対外連絡部（中連部）の小さな部屋の机に向って思い悩んでいた。張香山である。机の上に置かれた一枚の原稿には、

「一月以降の思想改造報告　報告者・張香山」

と、書かれていた。

彼はペンを置き、ため息をつくと「朝日新聞」を読み始めた。目は活字を追っているのだが、上の空で頭に入ってこない。ふと、もの思いにふけっていると、机の上の電話が鳴った。

「はい、張香山です」

電話は「周総理が話があるので、人民大会堂にすぐ来てください」という周恩来事務室からのものであった。

「許可が取れれば、すぐに向かいます」

と、明るく答えると、秘書が言った。

「そんな必要はありません。上には話を通してます。すぐに来てください」

**［証言］** 肖向前（元中日覚書貿易東京事務所首席代表）　七一年九月のある日のこと、山東省の農

村に下放させられていた私に「すぐ北京に戻るように」という連絡が入った。北京に着くまで具体的なことはまったくわからなかった。後に確認すると「対日工作者を呼び返しなさい」という周総理の指示により、私の仕事が再開されたのだった。(二〇〇二年四月)

**[証言]** 張香山(元外務省顧問) 一九六七年に文革が高潮に入って以降のほぼ三年あまり、私はよく批判にさらされた。しかし中連部には依然として多くの対外工作があり、私は批判闘争のなかでも仕事をしなければならなかったので当時私は「半打倒」の対象とされていた。文革の間も外国の労働者、青年、婦人団体が中国を訪問したため、周総理はこの受入れを臨時的に中連部に担当させたことで私は外国からの賓客のほか、日本を含めた外国の各国民の代表や指導者と接触することが増えた。一九七一年の春ごろから私は「半打倒」の状態から「解放」され、周総理の指導の下で対日の仕事をすることができた。(二〇〇二年四月)

**[証言]** 劉遅(元中連部日本課副課長) 張香山氏は当時「半打倒」の状態であり、日常活動は制限されていた。彼の行動は私が管理していた。彼の名前で発表する原稿や文書はすべて私が書いていた。内部の検査機関が彼のことをいろいろ調べたが、彼には何の問題もなかった。(二〇〇二年六月)

**[証言]** 丁民(元外務省日本課副課長) 当時は外交を行える環境になく、日本課には私を含め数名の担当者がいるだけだった。それで、農村に追いやられた人たちを周総理が自ら呼び寄せたのだ。

（二〇〇七年五月）

その日、北京の人民大会堂・福建間には、廖承志をはじめ多くの対日関係者、韓念龍、張香山、王暁雲、陸維劉、王国権、王海蓉などが集まり、主役の周恩来を待っていた。三〇五病院の治療室で化学療法を受けていた周恩来は、治療中うっかり居眠りをして、そのため会議に遅刻してしまったのである。

「すみません、五分の遅刻です」

と、言いながら周恩来は関係者ら一人一人と握手を交わした。

張香山の手を握ると、感慨深げに語りかけた。

「香山さん、この数年、日本のことを研究しているそうですね。大変だったと思いますがそれが役立つ時が来ました」

「総理！　本当ですか？」

驚く張香山に、周恩来がうなずいた。

最後に王海蓉の手を握ると、毛沢東の具合をたずねた。

王海蓉は「問題ない」というようにうなずくと、逆に毛沢東の言葉を伝えた。

「主席は総理の健康状態に関心を持っておられます。よく、休んでくださいと言われております」

「はい。わかりました」

久し振りに集まった懐かしい顔を見ながら、周恩来はみんなが疑問に思っていることについて、報告した。

「孫平化と肖向前は、会議を欠席しております。中央政府の指示を受けて、日本へ行く準備をしているのです」

椅子に座った周恩来が、この日の会議のテーマをついて解説した。

「あなた方をここへ呼んだのは、対日問題を一緒に検討してもらいたいからです。数日前私の古い友人である古井喜実先生と田川誠一先生が見えたとき、日本国内の情勢を話してくれました。彼らは、訪中前に田中先生と長時間にわたって話をしました。佐藤政権が新しい国際情勢の変化に対応できないため、間もなく政権が交代するという見方が強いそうです。次の総理大臣は誰か予測はつきませんが、古井先生と二宮先生の話では、田中先生が勝つだろうと言っています。香山さん、最近の状況について、お話してもらえますか」

「はい。六月中旬、沖縄返還協定の調印式が行われた後、佐藤総理は今回の内閣の使命を終えたとして、内閣を総辞職する見込みです。今、自民党の各派の代表たちが、次の選挙で総理大臣を選ぶ準備をしております。主な候補は、大平、福田、三木、田中の各氏です。今の状況から見れば、福田と田中の両氏の争いとなりそうです。田中氏が圧倒的に有利というわけではありませんが、田中と大平の両氏は個人的な関係が良く、三木と三人の間には、次のような暗黙の了解ができています。もし、三人のうち誰か一人が不利になった場合、その人は他の二人のうちのどちらかを支持する……というものです。こうしたことから、田中氏が当選する可能性が高いようです。田中氏は日本政界で『コンピュータつきブルドーザー』と言われています。彼は、判断力に優れた魅力的な人間です。もし彼が総理大臣に就任して組閣すれば、中日国交回復の会談を早めに実現することができると思います」

満足気に張香山を見ながら、周恩来は、

「日本の友人からの情報とまったく同じです。田中先生が古井・田川の両氏を通して、我々に国交回復の考え方を伝えてくれました。基本的には、我々の国交回復三原則を認めています。私も古井先生たちを通して、田中先生が総理に就任されたら、中国に来て中日関係について話し合いましょうと、田中先生に伝えました。私は以前、こう言いました。中日関係を進展させるには『小異を残して大同を求める』ことだと。大同とは中日両国人民の代々友好とアジアの平和維持ということです。田中先生が、本当に中日国交回復をなす気があるのなら、私たちはいつでも彼のお役に立ちたいと考えています。原則問題以外、細かい問題はすべて会談によって解決できますが、日本国内で一部、軍国主義勢力と反中・右翼勢力が台頭し、国交回復を阻止しようとしています。これには警戒を要します。併せて、中国国内でもこの問題について認識不足の人がかなりいます。その人たちに対して、説明する必要があります。歴史はもう過ぎ去りました。将来のことを考えるべきです。今の国際環境と国内状況から見れば、早めに我が国の国際的地位を高めなければなりません。困難があるのは当然です。我々は、そのすべての困難と圧力を克服しなければならないと、毛主席はこの問題について、明確な指示を出されました。列席の皆さんは、みんな対日関係の専門家です。何か意見がありましたらおっしゃってください」

こういうと、周恩来は全員を見渡した。

「廖さん、あなたは日本にたくさんの友人がいます。信頼も厚い。大きな問題については自分で掌握してください」

「はい。私は総理の指示に従います」

「韓念龍さん。あなたの任務はわかっていると思いますが……、外務省の責任者として。香山さんは外交部の顧問を務め、外務省の仕事に協力してください。王海蓉さんは、毛主席に報告する役を担当してください。その他、もし新華社に日本政界のニュースが入れば、関係部門にすぐ報告するように、指示しておいてください。手遅れにならないように、毎朝、六時前に私のもとに届くようにしてください」

周恩来が一同にテキパキと指示を与えるのを「これで中日国交回復に拍車がかかる」と、みんな充実した思いで聞いていた。

**［証言］** 張香山（元外務省顧問）　周総理は私の人生に大きな影響を与えた人だ。私が日本留学中の一九三七年、治安維持法違反の容疑で日本から強制帰国させられ上海に上陸したあと、すぐに周総理（当時は党指導者のひとり）と面会した。その時彼は私に、新聞記者になるか八路軍に行くかを尋ねたので、私は八路軍に行くと申し出た。彼はそれを聞くと五台山にあった総政治部の劉伯承主任に紹介状を書いてくれた。（一九九七年四月）

**［証言］** 肖向前（元中日覚書貿易東京事務所首席代表）　私たちは周総理を尊敬し、廖公（私たちは廖承志に親しみをこめて〝廖公〟と呼んでいた）を敬愛していた。いつも対日工作をすることへの使命感と誇りを持ち、皆が一致団結して取り組んだ。仕事は厳しかったが、毎日がとても楽しかった。（二〇〇一年九月）

沖縄返還の一か月後の一九七二年六月一七日、佐藤内閣が総辞職した。次期総裁を決める自民党総裁選は予想されていた田中角栄、福田赳夫、大平正芳、三木武夫の四氏が出馬。三角大福戦争と呼ばれる選挙戦を展開した。

日本社会は、長期政権を維持してきた佐藤政権に飽き足りないものを感じていた。そのような中、通産大臣・田中角栄が『日本列島改造論』を発表、すでにベストセラーとなっていた。いつになく白熱した選挙となった総裁選に、田中は列島改造と日中国交正常化を掲げて支持を訴えた。選挙に関しても、田中派は盟友関係にある大平派と、まずは二、三位連合を結び、次に三木派と日中国交正常化の実現を条件に、決戦段階での連合を取りつけた。

福田は佐藤の後継者であることが、逆にマイナスイメージとなっていた。

七月五日、日比谷公会堂で行われた総裁選は、田中角栄一五六票、福田赳夫一五〇票、大平正芳一〇一票、三木武夫六九票という結果であった。トップの田中も過半数を得ることができなかったため、選挙は角福の決戦投票ということになった。

舞台上の開票経過に客席の候補者たちが注目する中、電光掲示板の数字が変わっていく。舞台上の田中派議員が、客席に両手で「ＯＫ」の合図を送った。

田中角栄　二八二票

福田赳夫　一九〇票

「田中角栄君が二八二票をもって自由民主党総裁に決定いたしました」

田中が福田を破って、新しい自民党総裁に選出された瞬間、場内は大騒ぎとなった。田中の勝利に街では号外がまかれ、ニュースは日本列島をあっという間に駆け抜け、その後の〝角さんブーム〟へとつながっていった。

一夜明けた田中邸の庭で、田中はすがすがしい気分で娘・真紀子と池の鯉に餌を与えていた。問わず語りに、田中が真紀子に総裁となった覚悟を語る。

「佐藤内閣は戦後の懸案であった沖縄返還協定にサインするという大きな仕事を行った。その佐藤内閣にできなかった戦後処理が、日中国交正常化だ。わしは軍隊で中国に渡ったこともある。病気で日本に帰されたが、中国には特別の思い入れがある。できるだけ早い時期に、必ず日中国交正常化を実現する」

真紀子は頼もしそうな視線を向けながら、田中に言った。

「パパならできるわ。日中両国国民が願っていることですもの」

田中は「うん」と自分に言い聞かすようにうなずくと、

「毛沢東、周恩来、彼らがいまの中国の親方だ。連中は共産党だけど、わしはあの二人を信用している。あの連中は死線を何十回もくぐり抜けてきた。世の中のことをよく知っているし、腹もできている。日本と手を結ぶために自分たちは何を譲らなければならないか、どうすれば日本の高いハードルを飛び越えることができるか、よくわかっている。だから彼らの目の黒いうちに一気にやるんだ」

といって、勢いよく最後の餌を投げた。

田中首相は「今太閤」「庶民宰相」「コンピュータつきブルドーザー」あるいは「角さん」と

いった愛称に象徴されるように、もっとも有権者に身近なイメージで登場した。そして、その人気と期待の大きさによって、日本列島に角栄ブームを巻き起こした。

田中内閣に期待する国民の声が、巷にあふれていた。

テレビをつけると、東京の街頭でサラリーマンふうの男性が熱く語っている。

「田中・福田・大平・三木の四人、三角大福が入り乱れて戦った総裁選の金権選挙ぶりは問題だと思うけど、角さんには東大卒や官僚出身の政治家にはないバイタリティが感じられるところが魅力です。日本のためにバリバリ働いてほしい。角さんなら、きっとやってくれると思う」

ふだんは政治になど振り向きもしない買い物帰りの主婦が、インタビューに応じている。

「何といっても、庶民的なところが好きです。人間って学歴じゃないんだなと、田中首相を見ていて思います。私たちにもわかりやすい政治をしていただきたいですね」

地元新潟はさらに燃えていた。お祭り騒ぎの中でマイクを奪い合うようにして、長岡の男性が語る。

「新潟県が初めて生んだ総理大臣だからね。角さんは私たち新潟の人間の誇りだな。ほんと、角さんのおかげで新潟県はどんなに良くなったかわからないよ。今太閤・田中角栄万歳！」

「政治のことはわからない」という中年の女性が、その喜びを控え目に語る。

「自分のことのようにうれしいです。日本の政治は誰がやっても同じといわれてますけど、やっと私たちが望んでいた身近な総理が誕生したと思います。期待しています」

総裁選の翌日、田中は国会で首班指名を受けて、内閣総理大臣に就任した。

七月七日には田中内閣が成立。日中国交正常化を視野に入れた田中は、盟友の大平を外務大臣に起用した。

初閣議後、田中は大平を従えて臨んだ記者会見で、内閣の抱負を語った。

「過去二〇〇〇年の歴史から見れば、戦後、四半世紀の日中関係は、短い一区切りに過ぎません。今後、紛争が起こらないように、我が政府が日中国交正常化を真剣に考えなければなりません。中華人民共和国との国交正常化を急ぎ、激動する世界情勢の中にあって、平和外交を強力に推進していく。今、その機が熟したと言えます」

記者会見の様子を自宅のテレビで見ていた竹入は、田中の後、記者の質問に答える大平の発言に注目していた。

「内閣が成立したばかりで、今後の日程は未定です。しかし、今後、日中国交正常化のため、首相あるいは私自身が、必要なとき中国を訪問します」

記者が質問する。

「日中国交正常化が実現したとき、政府は台湾との関係をどういうふうに解決しますか？」

それは佐藤内閣ではタブーとされた問題であった。

「日中国交正常化が実現すれば、日台条約の存続は考えられません」

きっぱりと言い切る大平の言葉を確認すると、竹入は書斎の机の引き出しから一通の封筒を取り出した。それは周恩来から竹入に託された手紙であった。

表に「田中先生が選挙に勝ったとき、お渡しください。周恩来」と記されていた。

そのころ、北京の人民大会堂にある事務室では、周恩来が夕食を取りながら、山積みにされた書類を読んでいた。

秘書が入ってきて、新華社から届いた電文を置いていった。

「日本政府の最新情報です」

電文に目を通した周恩来は、徐々に顔色を紅潮させていった。

一読すると、怒りをあらわに机を叩いた。

「これが最新情報と言えるか！　田中氏が首相に就任してから二日も経ってるではないか！手遅れだ！」

秘書の去った事務室の中を、周恩来が落ち着きなく歩き回っていると、廊下を急ぎ足で歩いてくる音がした。

廖承志が来るのを待っていた周恩来は、彼が現れると、

「この電文を見たか？」

と、怒りをぶつけた。

「？」

見当のつかない廖承志が、ポカンとしていると、周恩来が説明した。

「田中氏の就任後、二日も経ってから，ここに届いた。これがニュースと言えるか！　彼らは革命革命と大きな口を叩いているが、本当の革命を知っているのか？」

「私もこの情報は聞いたばかりです」

そういうと、廖承志は懸命に怒りを堪えている様子の周恩来を見て、話題をそらした。

「田中氏の談話はなかなか積極的で、大平氏の話も注目すべきものがあります。田中内閣は中日関係回復に対して、誠意があると私は思います。この機会を掴むべきです」

廖承志の目を見てうなずくと、周恩来は、

「彼らは中国の出方を待っている。そんな大切な情報を新華社は二日も遅れているのだ。もし、これが戦争中のことであれば、戦略を誤り致命傷となるところだ」

と、再び怒りをあらわにした。

首相官邸では田中、大平、二階堂、竹入が総裁選、首班指名、組閣とあわただしい日々の続いた田中の労をねぎらうため、みんな上機嫌で久し振りの会食を楽しんでいた。

ウイスキーを一気飲みする田中を見て、大平が言った。

「まるでブルドーザーにガソリンを補給しているみたいだ」

「アハハハ、うまいことをいう」

と、二階堂が笑った。

「大平さん、今日も冴えてるな」

というと、竹入は真顔になった。

「大平さん、記者たちがあんたをどう評価しているか知っているかね? あんたの部下、つまり外務省の若手は就任初日にあんたが日台関係を廃止するとコメントしたことを重大視して、びっくりしているよ。こんなことはこの二〇年間、政界要人が誰も口にしなかった。悪いことは言わないから、自民党の親台派と、世間の右翼分子に十分注意することだな」

「それは重々承知のことです」

「しかし、おかしいと思わないか?」

と、二階堂が言った。

「何がです?」

「田中首班指名が終わって二日も経ったのに、中国筋から田中総理に対して何のコメントもない。あの周恩来の手紙は何だったのか……」

腑に落ちない様子の二階堂に、竹入は反論するように言った。

「総理、私は周恩来総理をよく知っております。彼は信頼できる人です。情報によると、中国側は田中総理の建議に対して誠意があるとのことです」

田中は黙って彼らの話に耳を傾けている。

「周総理はあらためて、親日派の専門家を起用されました。この二、三日前に、肖向前先生が来日され、また七月一〇日には孫平化先生が大きなバレエ団を率いて来日します。この二人も、周総理によりあらためて起用された人たちです。こうしたことを見ても、周総理の思いを推察できるではありませんか」

竹入の話に大きくうなずいた田中が言葉を挟んだ。

「私は中国筋の誠意を疑っているんじゃないんだ。その機会が延びたら、反対派が盛り返してくる。それを心配しているんだ。現在、国内では日中国交回復の機運が急速に高まっている。反対派の勢いを封じるには、この機会に乗じて一気にやらなければならん」

「竹入君、この点について、ぜひ協力をお願いしたいのだ」

と、二階堂が念を押すようにいった。

「もちろんです。私たちは日中国交回復に関して協力関係にあると思っていますから」

「その通りです」

と、大平が言うと、竹入は何度もうなずいた。

「大平さん、二階堂さん、安心してください。公明党委員長として保証します。公明党は一致団結して日中国交正常化を支持して行きます」

竹入にそうまで言わせたのは、党派を越えた日中友好への共通の思いからであった。


日本へのメッセージを伝えるにあたって、日本で中国側からの反応がないことが話題になっていたころ、北京の人民大会堂の事務室では、周恩来と廖承志ら日本関係者がどうやって、日本側に中国側の態度を伝えるかに苦慮していた。

「何かいい方法はないか?」

「特使を派遣できるかな……。いや、香港を経由すれば二、三日かかってしまう……」いかにしたら二日間の遅れを取りもどせるのか、一同の間に重い空気が流れると、周恩来が、何かを思いついたように言った。

「いい方法がある!」

全員が注目するのを意識しながら、周恩来は、

「今夜はイエメン政府代表団の招宴だ。これを利用するのだ」

その夜、周恩来は人民大会堂の宴会場でイエメン政府代表団の歓迎宴会を主催していた。

その席であいさつに立った周恩来は、直接関係ない日本の話題を持ち出した。

「中国敵視の政策を取っていた佐藤氏は任期満了を待たずに下野した。七月七日に総理大臣に就任した田中角栄氏は、外交方面で中日国交正常化ができるだけ早期に実現できるように努力すると、明確に表明した。これは、中国にとって歓迎に値することであります」

この日本に対するメッセージは、即日、人民日報をとおして世界中に発表された。

自宅の寝室で、田中はベッドに横たわり本を読んでいた。枕元には中国問題に関するたくさんの本が積まれていた。

『周恩来……中国の裏の傑出人物』

『周恩来の日本についての言葉』

『毛沢東・その詩と人生』

『中国の日本軍隊』等々……

しかし、その夜の読書は、大平からの電話によって中断された。娘の真紀子が電話に出ると、大平が「中国筋が態度を明確にしました。一〇分後のＮＨＫニュースを見てください」と、首相に伝えるようにといった。

イエメン政府代表団の歓迎パーティのあいさつを使ったことに、対応が遅れざるを得なかった中国側の苦心と誠意が込められていた。そして国交回復に対する田中の発言、それに対する周恩来のメッセージが届いたことによって日中国交正常化への日中双方の動きに拍車がかかることになる。

翌朝の新聞には、田中の日中問題への取り組みを歓迎する各党党首のコメントが載っていた。

「成田知巳社会党委員長が、田中内閣が国交回復三原則を認めるなら、社会党は田中内閣の日中国交回復政策を全面的に支持すると表明した」

「民社党は議題を明確にし、真面目に実施するならば民社党は田中内閣と手を組みたいとの声明を発表」

「竹入氏が公明党を代表して、田中首相が日中関係の道を開く決心をしたら、公明党は全面的に協力すると発表した」

田中は読んでいた新聞を置くと、庭へ出ていき大きく両腕を広げて深呼吸をした。

庭の花壇には鮮やかな花が咲き、庭の木が青々と繁っていた。

庭を散歩しながら、瞑想にふける田中の脳裏には、近くて遠い中国への複雑な思いがめぐっていた。

# 4．田中に協力する野党

田中内閣の誕生によって、日中国交回復は順調に動き出したように思えたが、具体的な作業ということになると、どのような手順を踏めばいいのか、これといった方法はなかった。

一九七二年七月一一日の朝、首相官邸の事務室では秘書が田中に一日のスケジュールを報告していた。

「午前八時、二階堂官房長官による定例の内閣各省の状況報告。八時二五分、日本駐在韓国大使と接見。九時、元社会党委員長・佐々木更三氏と会見。佐々木氏は明日午後、訪中予定。九時四五分、通産大臣・中曽根氏が工業全般の税制について相談。一〇時三〇分、田中派総会に出席。午後一時三〇分、中華民国国民党中央委員秘書・張宝樹氏と会見。以上が今日一日の予定です」

報告を聞いていた田中は手を振って、新たな注文を出した。

「韓国大使との会見は、明日にしてくれ。外務省に掛け合うのだ。佐々木先生との会見は先方の都合がつけば、会見時間を繰り上げてくれ。それから国民党の張氏との会見は、党内の誰か別の幹部に任せたい。これは鈴木善幸総務会長に任せる」

八時三〇分過ぎ、約束の時間より早く現れた七〇歳の佐々木を、田中とともに大平と二階堂が迎えた。

たまたま佐々木は一二日に訪中し一六日には周恩来と会談する予定になっていたのだが、折から田中内閣が誕生したことから、田中内閣の対中国政策に関する姿勢を把握した上で訪中すべく首相および外相と会って確かめておきたいというわけである。中国で周恩来に会えば、必ずその点を聞かれるのは、火を見るより明らかであった。

田中は佐々木と向き合うと、あらたまった口調でお願いした。

「先生が中国を訪問される際、日中国交正常化に向けて風通しが良くなるよう、ご配慮をお願いします」

「それは総理の決心次第ですよ。中国側が提出した国交回復三原則ですが、実際のところどうお考えですか?」

中国側が譲れない線としている国交回復三原則とは(1)中国はひとつであり、中華人民共和国は中国人民を代表する唯一の合法政府である。「二つの中国」と「一つの中国、一つの台湾」をつくる陰謀に断固反対する。(2)台湾は中国の一つの省であり、中国領土の不可分の一部であって、台湾問題は中国の内政問題である。「台湾帰属未定論」に断固反対する。

(3)「日台条約」は不法であり、破棄されなければならないというものである。

佐々木の率直な質問に、田中は大丈夫だというように明快に答えた。

「ほぼ受入れられますが、以前にも明確にした通り、細かい問題について、お互いに検討の必要はあります」

佐々木は問題点を探るように、重ねて問いかけた。

「三原則の中で、日台条約を廃止することが一番重要な問題です。この点について、率直にうかがいますが、首相はどう考えておられますか？」

「国交回復がなれば、それは当然のことです。私は、台湾の問題については解決する自信があります」

断言する田中を前に、半信半疑の佐々木が、

「周恩来総理が、もしこの問題に触れたとき、そう答えてもいいんですか？」

そうたずねると、田中は堂々とした態度で、

「結構です」

と、言葉を強めた。

ほっとした様子の佐々木が、

「それをうかがって安心しました。余計なことかもしれませんが、一つ忠告があります。話す

べきかどうかわかりませんが……」

と、迷っていると、二階堂が促した。

「先生、水臭いことを言わないで、ご遠慮なくおっしゃってください。我々はこの問題においては一心同体でしょう」

二階堂の言葉を聞いて、佐々木は日ごろ考えていたことを言葉にした。

「老婆心ながら申し上げます。国内では国交正常化の機運が高まっていると言っても、右派分子と親台派の勢力を無視はできません。もし、通常の外交ルートを通して、これを進めれば、反対派がこの機に乗じて手を打ってくるでしょうから、面倒なことになります。その結果、国交正常化の時期は延びるか、あるいは中止になるかもしれません。私の考えでは、あくまでこの問題は政治レベルで解決すべきだと思います」

横から大平が補足するように、

「この点においては、我々の認識は同じです。ご安心下さい。実は、自民党内のタカ派の勢力が強く、彼らはいろいろと口実を探して国交正常化を阻止しようとしています。そこで首相は、小坂善太郎君と一緒に日中国交正常化協議会をつくる予定です」

「ほう……」

驚き顔の佐々木を見ながら、田中が言った。元外相の小坂は党の外交調査会長の経験もある。

「そのメンバー間においては、非の打ちどころがないように、考え方を統一すべきだと考えています。あなたが周恩来総理に会われたら、そこのところの我々の考え方を正確に伝えてください。よろしくお願いします」

佐々木は立ち上がると、

「私は、党と派閥を越えて、首相に全面的に協力します」

といって、その手を取った。

「佐々木さん……。ありがとう」

こうして、佐々木もまた党派を越えて、田中訪中への重要な根回し役を演じることになったのである。

北京・中南海の毛沢東邸の書斎では、人民服姿の毛沢東が客人を送り出したところであった。服のボタンを外すのを手伝いながら、周恩来が声をかけた。

「主席、お疲れでしょう。もう、お休みください」

その言葉を無視して、毛沢東は気になっていたことをたずねた。

「ニュースを読みました。日本側には、どういう反応がありましたか？」

「田中という人物は、聡明な人です。就任したばかりでありながら、すべてを度外視して中日国交正常化を早急に進めようと言っています。彼は、庶民的な首相で、中日戦争のとき、二等兵として中国に来たことがあるそうです。でも、病気で一年足らずで帰国しました。若いころ、建築関係の事務所を経営したこともあります。その彼は、国交回復のため大平正芳を外務大臣に任命しました。大平は政界で評価の高い人物です。穏健な人間と言われています。もともと、外務大臣と大蔵大臣をつとめたことがあります。それに、中国の古典文学に精通し、相当勉強しています。国交正常化問題においては、この二人の呼吸はピッタリのようです」

「もし、彼らに誠意があれば中国へ招き、お互いに話し合おう。成功の成否は別として仲良くすることだ」

「昨日、私はこちらの態度を表明しました。たぶん、そのうち反応があるかと思います」

周恩来の返事を聞くと、毛沢東はもうひとつ気になっていることを話題にした。

「台湾ではどういう反応があるんだろう？」

「三月に蒋介石が総統に再び就任しました。五月に息子の蒋経国を行政委員長に任命しましたが、中日国交正常化に対しては、何の反応もありません。たぶん、蒋介石のところではどうしようもないと、私は思います」

「蒋介石という人は、頭は悪くないのだが、国際情勢が彼の意思によって変わると勘違いしているようだ。私はこれまで彼と何度も戦ってきたが、今回もまた、戦わねばならんようだな」

「それも今回が、最後の戦いになるでしょう」

周恩来はそういうと、沈黙したままの毛沢東に、

「明日は佐々木先生との会談があります」

と、言って毛沢東のもとを去った。

佐々木は中国訪問中、七月一六日、一九日の二回、周恩来と会談した。

そこでも問題となったのは、台湾のことであった。

「蔣介石は、中国人民を代表できません。台湾は、中国の一部です。田中総理がその点を認識されているのなら、私たちは彼と喜んで会談したい」

佐々木は周恩来の話を黙って聞いている。

「佐々木先生が、私たちと田中首相の間で努力されていることに感謝します。しかし、社会党には外交の権利がありません。当然、国交正常化を実現するためには外交の権利を持つ田中内閣と会談しなければなりません」

佐々木が黙って、うなずいた。

「しかし、今日、このような中日友好の高まりができたのは、皆さんの長期にわたっての努力の結果だと思います。先生が帰国されたら、私の代わりに多くの皆さんに感謝の意と敬意を伝

えてください。過去のことは、正しい認識さえあればあらためて追及する必要はありません。中日両国の関係正常化には、七億五〇〇〇万人の中国人民と一億一〇〇〇万人の日本人とが、永遠に平和友好を維持するために協力できる関係となることです」

佐々木は日本で田中に念を押してきたこともあって、中国側に「日中国交正常化を実現するために努力しています」と、いわば田中を保証する発言をした。その言葉を聞いた周恩来は、佐々木に「それなら田中総理に北京に来てもらいましょうか」といって、田中訪中を「歓迎する」との発言をしたのである。

七月一〇日、孫平化団長率いる総勢一二〇名からなる上海バレエ団（上海歌舞団）が来日。三三日間の滞在中、各地で革命劇「白毛女」と「紅色娘子団」を上演し、日中友好ムードを盛り上げた。

しかし、団長の孫は周恩来の密使を帯びていた。田中から訪中の確約を引き出すというものである。

上海バレエ団の来日中、東京の日生劇場では日本の松山バレエ団による創作バレエ「白毛女」の公演が行われていた。こちらはもともと、一九五〇年に中国で完成した映画「白毛女」を見た松山バレエ団の松山樹子と清水正夫夫妻が、その素晴らしさに打たれ「きっと日本の婦人解放運動に大きな影響を与えるだろう」と、バレエにつくりかえたものであった。その後、松山バレエ団の「白毛女」を上海バレエ団が演じるようになった。まさに白毛女は日中の合作的な作品なのであった。

「白毛女」は、中国・華北地方の山村で語り継がれていた民話をもとに、映画とオペラの物語に仕上げられたもので、地主の圧政と横暴な振るまいに耐えかねて立ち上がった一人の貧しい農民の娘・喜児の物語である。悪徳地主・黄世仁が貧農の楊白労の家に押し入り、借金のカタに娘の喜児を連れ去り、そのとき抵抗した楊白労は殴り殺された。喜児の幼なじみの王大春は怒りに燃え、八路軍に加わって、解放のための革命の道を進もうと村をとび出した。地主の黄世仁の家でこき使われていた喜児は、すきを見てついに山に逃げ込んだ。数年後、孤独と恐怖の中で彼女の頭髪は仙女のように真っ白になった。やがて、八路軍を率いた王大春が村を解放。地主の黄世仁を追っていった山中で、白毛女となった喜児と再会する。黄世仁が八路軍の手で銃殺された後、喜児も八路軍に参加、革命を成し遂げるために出発するというものだ。

その日の公演が終わると、客たちがいっせいに立ち上がって、踊り子たちに惜しみない拍手を送った。舞台の上ではファンたちから花束が贈られ、何度もカーテンコールが繰り返された。

そして、舞台に「日中両国人民世々代々友好万歳」というスローガンが上がると、前列に座っていた孫平化、肖向前、また国務大臣の三木や通産大臣の中曽根など各界からの参加者は一層熱烈な拍手をした。それはまさに、日中両国の友好を象徴するシーンであった。

上海バレエ団もまた、全国各地で熱烈歓迎されたが、彼らは文化使節として、正式の公演の他にさまざまな場所で踊り歌い、日中友好の輪を広げていった。

そんな中、横浜の造船所を訪れたバレエ団が、演目の一つとして日本のソーラン節を披露すると、数千人の造船所の職員たちが感動し曲に合わせて一緒に歌い踊った。それはまるで一足早く、日中友好が実現したかのように両者がひとつになった感動的シーンであった。

バレエ団の公演の一方で、周恩来の密使を帯びていた団長の孫平化は、中日覚書貿易東京事務所の首席代表・肖向前とともに、田中と会見し訪中の確約を引き出すために連日にわたり日本側関係者との接触を行うなど、精力的な活動を続けた。同行したのは唐家璇と江培柱のふたりであった。

中日覚書貿易東京事務所のドアの上には、毛沢東語録が掲げられていた。

「日本で、親米の独占資本と軍国主義軍閥以外の大部分の日本人民は、私たちの友だちです」

［**証言**］肖向前（元中日覚書貿易東京事務所首席代表）　国交のない中日両国には、経済交流を発展させるために一九六四年双方にこの事務所が設けられた。「中日覚書東京事務所の初代首席代表・

孫平化氏は当時「文革」のため中国に呼び戻されており、事務所の代表はしばらく空席となっていた。七二年春、藤山愛一郎先生が訪中され、周総理に対し「国交正常化のためには東京連絡事務所が必要だ。早急に首席代表を派遣してほしい」と訴え、私がその任に就いた。（二〇〇三年四月）

［**証言**］肖向前（元中日覚書貿易東京事務所首席代表）　覚書事務所は実際には「政治」事務所だった。私はその「連絡役」。「正常化」を目標に、できるだけ多くの有力者と友人になって彼らに訪中してもらうよう働きかけるのが私の役目だった。（二〇〇三年四月）

バレエ団が来日してしばらく後の夕方、外に数十名の記者が待っている中、一台の乗用車が止まり、中国外務省日本課長の陳抗が降りてきた。

一人の記者が、

「日本課長の陳さんだ」

と叫ぶと、記者たちが彼を取り囲んだ。

陳抗は、このとき表向きは中国の農業代表団の一員として来日していたが、実は孫平化と肖向前に周恩来からの具体的な指示を伝えにきたのである。

［**証言**］張香山（元外務省顧問）　周総理は、出発前孫平化に対し「二人の身分は連絡員でしか

ないので独断で交渉してはいけない」と言った。孫平化と肖向前はよく自分の任務を達成した。（一九九八年九月）

**［証言］**肖向前（元中日覚書貿易東京事務所首席代表）実際に孫さんは、中国への連絡を強化するためにの訪日だった。はじめ私たち二人は何から始めたらいいかわからなかった。中国は「文革中」で出発時にも上から具体的な指示がなかったからだ。（二〇〇三年四月）

陳抗の本当の使命を知った孫平化と肖向前の目が輝いた。

「周総理は、田中内閣が国交正常化を早期に実現することは歓迎すべきことだ、とコメントされました。毛主席は、我々は積極的な態度を取らなければならないとおっしゃいました。私たちは毛主席の戦略に従わなければなりません。田中氏が、早めに中国を訪れ会談するでしょうが、成功するかしないかは別にして、とりあえず今はいい方向に進もうとしています。あなたたちは、政界と財界との関係をよく利用して、中日友好の高まりを活用し、田中首相の北京での会談が実現できるよう、努力しなければなりません」そして周総理の「孫平化は万丈の高楼を平原に建てよ。肖向前は引き続き前進せよ」の伝言を付け加えた。

その後、孫、肖のふたりは中国側を代表する形で、日中友好ムードを盛り上げるために、さまざまな場所に出没した。

その夜も、東京・神田の日中友好協会の会議室では、孫平化の講演会が行われていた。日中友好協会のある六階建ての日中友好会館の屋上には「歓迎！　孫平化、肖向前先生」「日中友好万歳」「日中国交正常化促進」のスローガンが掲げられていた。「日本人民の努力と積極的な協力によって、中日国交正常化は近いうちに実現することができます。我々は一緒に手を組んで、早期到来を願っています」

日中友好の輪は確実に広がっていた。孫平化が熱のこもった言葉で講演を終えると、数百名の出席者たちが熱烈な拍手を送った。

一方、大阪のロイヤルホテルの豪華な和式宴会場では、肖向前がマイクの前に立っていた。会場には百名近い関西財界の要人たちが、テーブルに向かっている。そして花を添えるように、数十名の仲居と芸者たちが客たちの周りに座っている。

壇上の肖向前のうしろには「肖向前、孫平化先生を歓迎する関西財界懇談会」の看板が掲げられている。

「私は、周恩来総理と廖承志会長をはじめ中国側を代表いたしまして、日本の関西財界の友人の方々に敬意と感謝の意を表します。いうまでもなく、いったん中日関係が正常化されたときは、中日両国は大規模な経済協力を進めることになります。我々は、その目標を目指して、一日も早くその日が来るように、みなさまのご協力をお願いいたします」

肖向前のあいさつに、財界の要人たちが熱烈な拍手を送った。

関東でも関西でも、日中友好の盛り上がりは日本の政財界を巻き込んだ大きなうねりとなっていった。

日本側関係者との接触を積極的に進めていた孫平化と肖向前は、その活動内容を逐一、北京の国務院外事弁公室の実質的な責任者であった廖承志に電話で報告していた。その夜も、東京の中日覚書貿易東京事務所には北京に電話をしている孫平化と肖向前、二人の姿があった。

「廖会長、私は孫です」

一瞬の間をおいて、受話器から廖承志の声が聞こえる。

「日本国内の情勢はどうかね？」

「はい。日本全国で中日友好のムードが高まっています。私と肖さんは、あなたの指示によって、日本の各界の方々を表敬訪問しました。日本の友人たちも、本当に努力しています」

いつも電話の内容は録音されており、それらは、すぐに周恩来のところに届けられるようになっていたが、その日はいつもとちがって、傍らに周恩来がいた。

「よし、この機会を掴んで友好の雰囲気をつくってください。民間の力で政府を動かすようにし、同時に日本政府の関係者と会う機会をつくって欲しい」

「わかりました。明日、藤山愛一郎先生がホテル・ニュージャパンで肖さんと私のために歓迎パーティを開いてくれます。そこに、大平正芳外務大臣が出席の予定です」

パーティの件は知っていたが、廖承志は大平外相がここに出席するとは思っていなかった。

「えっ、大平さんが！　それはいい機会だ。大平さんに接触して、田中首相が早めに決心を固めるよう、ぜひ協力を呼びかけてくれ」

廖承志から受話器を受け取ると、周恩来は落ち着いた声で念を押すように言った。

「周恩来です。ご苦労さまです。田中首相の早期訪中が実現するよう、すべての機会を利用してください。もし、田中首相に会えるなら、彼の訪中を歓迎すると伝えてください。そして、何らかの情報が入りしだいすぐ国内に報告してください」

受話器を通して聞こえてくる周恩来の言葉に感激しながら、孫平化は言った。

「わかりました。総理、ご安心ください」


七月二〇日、日中国交正常化促進議員連盟会長・藤山愛一郎主催による歓迎パーティー会場となった赤坂のホテル・ニュージャパン前には、数百名にのぼる記者と、野次馬、そしてそれを取り巻くものものしい警備関係者でごったがえしていた。

その中を、次々と黒塗りの乗用車が到着し、警護官に守られた要人たちがホテルに入っていく。やがて、そのうちの一台から孫平化と肖向前が降りてくると、ふたりを記者たちが取り囲み、カメラのフラッシュが光った。

パーティ会場は、にぎわいを見せていた。そこには外務大臣・大平正芳をはじめ通産大臣・中曽根康弘、国務大臣・三木武夫、官房長官・二階堂進、また自民党幹事長・橋本登美三郎ほか各党党首と多くの政府や自民党関係者などが顔を揃えていた。

孫平化と肖向前が会場に姿を表すと、ホスト役の藤山が二人を参加者たちに紹介した。

西園寺公一の姿を見つけた二人は、彼に歩み寄り固い握手を交わした。

「ご無沙汰しております」

「周総理と廖会長があなたによろしくと申しておりました」

それだけ伝えると、二人は竹入、古井、田川、岡崎、佐々木、中曽根、三木らと次々と握手を交わした。

「はじめまして。大平です」

孫平化はついに目指す相手の前にきた。大平と会うのははじめてであったが、孫は確かめるようにその手をしっかりと握りながら、彼の目を見つめた。

「はじめまして。お目にかかりたいと思っておりました」

大平は微笑むと、うなずきながら、

「近々またお会いできると思います」と微笑んだ。

「私どもも、中日国交正常化についてゆっくりとお話ししたいと思っております」

そのとき、二人の微妙な雰囲気を感じとったかのように、記者たちが二人に近づいてきた。

大平が意味あり気にうなずくと、孫平化の手に一枚の紙を握らせた。

思いがけない展開に驚く孫平化に大平は笑顔を見せると、すぐに彼のもとを離れていった。

ざわつく会場に、藤山のあいさつの声が響き渡った。

「ただいまより、日中国交正常化促進議員連盟の主催で、孫平化、肖向前両先生御訪日歓迎パーティを開催したいと思います。ここにお集まりの方々は、日中国交正常化を一日も早く実現したいと考えておられる方々ばかりでございます。両先生がご引率の上海バレエ団の成功をお祈りいたしますとともに……」

田中内閣成立後間もないパーティは、政界・財界関係者が顔を会わすちょうどいい機会だったこともあって、大きな盛り上がりとともに幕を閉じた。

パーティーが終わった後、中日覚書貿易事務所にもどった孫平化は、その日、たくさんもらった名刺の中から特に一枚をテーブルの上に置いた。

そこには「日本外務省アジア局日本課課長・橋本恕」と書かれていた。

一枚の名刺を取り囲むように、孫平化と肖向前、陳抗、秘書役の唐家璇らが座った。

最初に陳抗が口を開いた。

「橋本氏は外務省の中国問題の専門家であり、大平氏の腹心でもある」

「彼は田中氏と総裁選前に、中日国交回復問題について意見を交換したことがあるそうです」

肖向前が自分が知っていることを語ると、孫平化がつぶやくようにいった。

「大平さんがこの名刺を私に渡した意味は、橋本氏と連絡を取れということか？」

「そうでしょう。大平さんの存在が大きすぎるため、自民党内の反対派とマスコミに騒がれる恐れがある。だから、自分の代わりに橋本氏に連絡させようとしているのでしょう」

肖向前が答えた。

外務省中国課長だった橋本恕は、国際情勢が大きく変わろうとしていた一九七一年、日本でも中国との関係を改善しようという動きがあった当時から、自民党幹事長だった田中との接触を始めていた。そして、その夏、田中が通産相になると、彼は田中のために中国政策についてのレポートをまとめている。

しばらく考えていた孫平化が、決心するようにみんなに語りかけた。

「このチャンスを生かさなければならない。だが、肖さんも私もそうだが、陳課長の近くにはいつも新聞記者の目が光っている。唐さん、この役割をお願いします」

［証言］丁民（元外務省日本課副課長）　当時唐家璇はまだかけ出しの日本課の課員だったが、張香山氏は私たちに「唐家璇はなかなか仕事のできる人物だ」「将来が楽しみなのでよく面倒をみてやれ」と言って、彼に期待をかけていた。（二〇〇九年八月）

七月二一日の夜。銀座のクラブ「ボン」では、フロアの隅の席で橋本が一人水割りを飲んでいた。銀座ではまだ早い時間とあって、客は橋本だけであった。ママもまだ顔を見せていない。いつもとちがう雰囲気の橋本の様子に、二、三人いたホステスもあいさつしただけで席には着いていない。

時計が八時を回ったころ、唐が何食わぬ顔をして入ってきた。そして橋本の前に座ると、ビールを注文した。

「橋本です」

「唐家璇です。よろしく」

そう言うと、二人は、固く握手をし、橋本が、

「大平外相が明日、孫先生、肖先生と会談の予定です。場所はここです」

と言って、時間と場所が書かれた紙をテーブルに置いた。

「七月二二日、午後三時半、ホテルオークラ」という文字が見えた。

唐はさっと目を通すと、その紙を二つ折りにしてポケットにしまった。

「確かに受け取りました」

唐はすぐに立ち上がった。テーブルには注いだだけのビールが、そのまま残っている。店の者がビックリして、あわてるのを気にとめず「じゃあ」と、手を上げながら出て行く。その様子を黙って見ていた橋本は、ようやく「ホッ」と一息つくと、遠巻きに見ていたホステスを呼んだ。

「おい、ママはどこかに寄り道しているのかい？」

表での日中交流の華やかさの裏では、日中双方が秘密裏にさまざまな方法でのアプローチを行っていたのである。

［**証言**］肖向前（元中日覚書貿易東京事務所首席代表）橋本中国課長を日本側の連絡役に抜擢してくれたので私たちはダイレクトに連絡ができた。事務次官や局長を通さないのでスピードが速かった。（二〇〇二年八月）

日中国交正常化をめぐる周辺の動きが活発になる中、七月二四日、田中は孫平化と会談した大平を目白の自宅に呼んだ。

母屋の奥には二階堂が控えるように座っていた。

ふだんは口が重い大平が饒舌をふるっていた。

「佐々木さんの持ってきた情報、また私が孫・肖両氏と隠密に会談した結果から見ると、中国側には確かに誠意があると思われます」

「それなら一歩前進がはかれるということだな」

大平は懐から書類を取り出しながら、

「これは古井君や田川君と長時間にわたり相談した結果ですが、今回の会談の主な問題として次の三点があげられます。一つ、日米安全保障条約の継続を中国側に理解してもらえるかどうか。二つ、台湾と外交関係を断っても、文化や経済の交流を継続できるかどうか。三つ『日台条約』は当然廃止するが、中国がその条約締結当時のことを追及してこないかどうかということです。この三つの問題を『中国問題対策研究会』に出して検討してもらっていますが、中国側がどう考えているのか、その詳細を知ることがもっとも重要なことです」

うなずきながら聞いていた田中が口を挟んだ。

「その通りだが……。では、どうすればいいのか？」

あらためて、次の手だてがないことに気づいて、二人は顔を見合わせた。

日中国交正常化を旗印に成立した田中政権ではあったが、田中首相は国交正常化には慎重であった。自民党内には依然として親台派の影響が強く、田中は政権基盤を維持するため日中関係の進め方に苦慮していた。

中国の招請を受けていた竹入は、中国へ出発する前に田中と大平に会って国交正常化の進め方について尋ねた。

「明日、私は中国へ行きます。向こうで周恩来総理に会えるかもしれません。その前に首相に国交回復についての具体的な考え方を聞いておきたいのです」

「中国との国交回復は一番重要な問題です。しかし、私がいつ中国へ行けるかは、まだ考えておりません。それまでにたくさんの問題を処理しなければなりませんから」

「まず、自民党内の意見を一致させること、そしてアメリカに相談し理解を得ること、そして、一番重要な問題は、中国側が国交回復に対してどういう具体的な考え方を持っているかということですが、我々はそれがまだ掴めないのです」

竹入がうなずくのを見て、田中が続けた。

「国交回復三原則に私は賛成ですが、ただしこれはあくまでも原則で、具体的な問題には触れていません。私は、今その情報を収集しているところです」

そこまで聞くと、竹入は、

「総理が北京にいらしたら決して悪いようにはしないと、周恩来総理が佐々木さんを通じてお伝えしたでしょう。私も、首相は北京に行かれたほうがいいと思います」

「まったくその通りです。しかし、日中両国には二〇年の隔たりがあります。その中にはいろいろな問題が存在しています。もし、一つのことがうまくいかないと会談は中止になり、今の内閣は倒れるかもしれない」

そう言って、田中は首を切る仕種をすると、言葉を続けた。

「自民党内のタカ派が私の行動をじっと見つめています。親台派の抵抗は強く、下手したら田中内閣は吹き飛んでしまう」と後ろ向きの姿勢をみせた。

黙って、田中をじっと見つめていた竹入が、口を開いた。

「周総理宛に紹介状を書いていただけませんか」

「何！　そんなことをしたら代理と受けとめられる。そんなことはできんよ」

田中は、竹入を橋渡し役とは見なしていなかったのである。結局、日本政府の草案を入手できなかった竹入は、そのことを伏せたまま自分たちが作成した私案を持参し、これを基に中国側との会談に入ることになる。


翌七月二五日、竹入一行・三名を乗せた航空機が香港の啓徳空港に降り立った。

一行はタラップを降りると、航空機に横づけされた迎えの車に乗り込んだ。深圳の税関で同乗していた中国の政府高官が職員に一枚の書類を渡すと、彼らが最敬礼してクルマを通過させた。その後、特別列車と広州の軍用空港から専用飛行機を乗り継いで、その日の夜の一一時二〇分、北京空港に到着した。

そこには、中日友好協会副会長の張香山ら政府高官たちが出迎えていた。

当時、北京までは香港経由で三日かかるのが普通であったが、彼らはその日のうちに北京に着いたのだから、竹入一行を迎える中国側の対応は、まさに異例のものであった。

それは竹入を中国側が周恩来と田中の間を結ぶパイプ役、即ち〝和製キッシンジャー〟と理解していたからであった。

［証言4］張香山（元外務省顧問）「和製キッシンジャー」は二宮文造副委員長の提案であったが、実際には周総理もそれを望んでいた。通常の外交ルートを使って草案を作成するのであれば、それによって機密が漏れる恐れがあったからだ。（二〇〇三年四月）

竹入一行が宿舎である北京飯店に到着すると、そこには中日友好協会会長の廖承志が待っていた。

あいさつもそこそこに、廖承志は「さあ話をしましょう」といって、竹入らをすぐに別室に案内した。その意気込みにたじたじとなりながらも、竹入はそこに中国側のこれまでにない熱意と真剣さを感じていた。

満足な夕食をとっていなかった竹入は、廖承志に「話し合いもいいですが、うどんくらい食べさせてください」と、申し入れたほどであった。

会談は夜中に始まった。

「国交回復直前の大切な時期に再び北京を訪れることができ、大変光栄に思っております。周恩来総理と廖承志先生の小生への信頼に感謝いたします」

「こちらこそいろいろとお手数をおかけいたします」

「日本から香港経由で北京まで一四時間でした。恐らく、これまでの新記録でしょう。お世話をかけました」

「田中首相が訪中のときは、直行で北京へ飛べるように配慮したいと思います」

深夜の北京・長安街。ほとんど車の通らない道路の両側に街燈だけが輝いている。

夜勤明けの若者たちが抗日戦のときにつくられた「義勇軍行進曲」を歌いながら、自転車で天安門の前を通り抜けていく。

天安門広場は人気がなく、しんと静まり返っている。広場に面して建つ人民大会堂のいくつかの窓に明かりが灯っていた。廖承志と張香山の二人が、それぞれの事務室で連日徹夜を続けていた。

人気のない事務室で、張香山が机の上の書類を前に何か考え込んでいた。机の周りには新聞、書類、資料の山ができていた。部屋の隅のベッドの上にも、新聞や資料が広げられていた。

そのころ、廖承志もまた彼の事務室で、張香山のつくった下書きをもとに周らに提出する原稿を夢中で仕上げていた。

壁時計が三時を指し、時報が鳴った。残りの原稿は、あとわずかである。

廖承志は、張香山の部屋に向かった。

原稿を読んでいた張が、廖承志に気がついて振り返った。

「ちょうどよかった。廖さん、できましたよ」

と、書き終わった下書きを渡すと、ざっと目を通した廖承志は安心したように言った。

「これで大丈夫だと思います。明日、総理に見ていただいて、それから外務省の人たちを呼んで打合せましょう。これは中日関係にかかわる百年の大計、いやそれ以上のものかもしれません」

張香山もホッとしたように言った。

「毎晩、徹夜したかいがありました」

「そう。ずいぶんたくさん小籠包子《ショーロンパオズ》を食べたが、あれも無駄にはなっていないということだ」

二人が徹夜で仕上げた原稿は、翌日の会議で周恩来や王海蓉、また外務省高官たちの前に提出された。それは中国側の見解がまとめられた日中国交回復にかかわる重大な書類であった。

周恩来はじめ彼らのチェックをすませた原稿は、毛沢東のもとに届けられた。

そして、その「中日国交回復会談草案」と書かれた書類は、毛沢東のサインを得ていよいよ日本側へ示されることになった。

［**証言**］張香山（元外務省顧問）　各部門の責任者は、定期的に会議を開き、直近の日本の政局について報告したり、また中国としてそれらを報道する時の注意点を検討したりしていろいろと対策を練ったが、その際、周総理は自分の意見を参加者に述べて、各人に意見を求めた。その後周総理は、それらをまとめて毛主席に報告していた。（二〇〇二年七月）

竹入一行はこの訪中で七月二七日から二九日まで三日三晩、周恩来および廖承志と延べ十数時間、五回の会談を行い、日中双方の「国交回復会議草案」に関する意見交換を行った。この間、竹入は持参した声明案が私案であることを言い出せずに、そのまま私案に基づいて交渉が

らかにした。

竹入一行との最後の会談に臨む人民大会堂の接見室には、会談用の椅子が並べられ、そこには周恩来、廖承志、張香山らが顔を揃えていた。このとき、周恩来は初めて中国側の見解を明らかにした。

周の手元には、毛沢東がサインした書類が置かれていた。

「我々はあなた方にお持ちいただいた日本側の草案を検討した結果、基本的には全部理解できました。しかし、日本政府は本当に、この基盤の上に立った行動が取れるのでしょうか」

周恩来の心配を払拭するかのように、竹入が話しはじめた。

「昨日、電話で田中首相と話しましたが、もし中国が日本側の草案に基本的に賛成であるなら、田中首相自身がすぐに北京へ会談に来るということです。この言葉に、私は政治家としての責任を持ちます」

「私は竹入先生を信じます。それでは、率直に言わせてください」

そういうと、周恩来は書類を開いて続けた。

「それでは中国側の考え方を示します。これは中国政府が起草した中日会談の基本草案で、我々が真剣に討論し、毛主席の批准を受けたものです」

「ほう……！」

竹入はそこまで用意周到な中国側の対応に、国交回復への並々ならぬ意欲を感じて思わず驚きの声をあげた。

「私が読み上げますから、メモしていただけますか」

そういうと、周恩来は控えの秘書に竹入に紙とペンを渡すように指示した。

そして周恩来は一同を見渡すとそれをひとつひとつ読み始めた。それらは全部で八項にわたるものであった。

「まず第一に、中華人民共和国と日本との間の戦争状態は、この声明が公表される日をもって、終了する」

「毛主席は賠償請求権を放棄すると言っています」

まったく予想もしない回答に、メモをとる竹入のペンを持つ手がブルブルと震えた。

「第二に、日本政府は中華人民共和国政府が提出した中日国交回復の三原則を十分に理解し、中華人民共和国政府が中国を代表する唯一の合法政府であることを承認する。これに基づき、両国政府は外交関係を樹立し、大使を交換する。第三は、双方は、中日両国の国交樹立が、両国人民の長期にわたる願望にも合致し、世界各国人民の利益にも合致することを声明する。第四は、双方は、主権と領土保全の相互尊重、相互不可侵と内政不干渉、平等互恵、平和共存の五原則に基づいて、中日両国関係を処理することに同意する。中日両国間の紛争は、五原則に基づいて、平和的な話し合いによって解決し、武力や武力による威嚇に訴えない」

周恩来の読み上げる内容を、竹入は感激しながら懸命に筆記した。

「第五は、双方は、中日両国どちらの側もアジア太平洋地域で覇権を求めず、いずれの側も他のいかなる国、あるいは国家集団が、こうした覇権をうちたてようとすることに反対する、ということを声明する。第六は、双方は、両国の外交関係が樹立された後、平和共存の五原則に基づいて、平和友好条約を締結することに同意する」

ここで最大の懸案は台湾問題であった。周は台湾は中華人民共和国の領土であって台湾を解放することは中国の内政問題であると提案し、これを「黙約事項」にしたいと申し入れたのだ。

また竹入は尖閣列島の帰属についてどうしても言わざるを得なかった。

「尖閣列島は歴史上からも日本固有の領土です」と言うと、周総理は笑いながら答えた。

「竹入先生、私たちも同じことを言いますよ。釣魚島は昔から中国の領土で、こちらも見解を変えるわけにはいかない」

そして、「この問題を取り上げれば際限がない。ぶつかりあうだけで何も得ることがない。棚上げして後の賢い人たちに任せましょう」と強調した。

安保条約や日台条約には触れず、賠償請求もせず、訪中当初に示した内容も充たされており、それらは竹入にとって満足すべき内容だった。最後に周総理は「田中さんに恥をかかせることはしませんから安心してください」と自信たっぷりに言った。

「最大の感謝をいたします。すべての懸案が満たされました。田中首相、大平外相が反対する理由は何もないと確信します。責任をもって正確に伝えます」

「感謝しております。これは大事業ですから、ひとりの人間や一党だけのものではありません。人民の大事業です」

竹入一行が周恩来との会談の際に、中国側から示された原則は周恩来が読み上げ、それを竹入がメモしてきたことからこのメモは「竹入メモ」と言われる。それは竹入が一字一句まちがいがないように、中国側の通訳・王効賢をはさんで照合したものである。このメモが田中首相が訪中を決断する決定的な判断材料となったのだ。

［**証言**］張香山（元外務省顧問）　私たちは、竹入委員長を田中首相の密使と思い、彼が持参した案を日本側案と思っていた。最後に、台湾に関する三項目を黙約として口頭で提案した。これは日本側の難しい事情に配慮して声明に書き込まなかったが、竹入氏らはこれらを一項目ずつはっきりメモした。（二〇〇二年七月）

竹入は、帰国後の八月四日午前、ただちに首相官邸に田中首相を訪ね、中国側が示した共同声明案を提示した。そして田中に対し中国案の項目を示した草案のみを渡した。

竹入を迎えた田中は、竹入のメモを熱心に一読した。

「第七は、中華人民共和国と日本国政府は、両国間の経済と文化関係を一層発展させ、人的往来を拡大するために、平和友好条約が締結される前に、必要と既存の取り決めに基づいて、通商、航海、航空、気象、漁業、郵便、科学技術などの協定をそれぞれ締結する」

第一から第七まで、一気に読み進んだ田中は、

「これですべてですか？」

と、竹入に訊ねた。

あとから大平がかけつけてきて、中国側の考えを箇条書きにしたメモを熱心に見ていた。

「これからすぐ外務省にもどって、中国問題の専門家たちに検討を依頼します。竹入君、これ頂戴しますよ。いいね」

そして丁寧に竹入に礼をのべ、そのメモを背広の内ポケットに入れると、そのまま部屋を飛び出していった。その表情はとてもうれしげだった。

竹入は田中にもう一枚、残っていることを指摘して、読むように促した。

「中国はこの半世紀の間に、日本の侵略戦争を受けただけではなく、反対に他国に迷惑をかけ

て巨額の戦争賠償金を支払ったケースもあります。両方の立場で、中国人民は長期にわたって戦争の犠牲になってきました。その、同じことを日本国の人民に強いることは忍びないことです」

と前置きして、竹入は次のように語ったのである。

「第八は、中日両国人民の友誼のため、中華人民共和国政府は、日本国に対する戦争賠償の請求権を放棄する」

特に重要なのは賠償請求の放棄であった。

最後の件まで読むと、田中は感慨深げに竹入に言った。

「周恩来という人は大したもんだな」

この戦争賠償については、中国には痛い思い出があった。アヘン戦争でイギリスに、またアロー戦争（第二次アヘン戦争）でイギリス・フランスに賠償金を支払った他、日清戦争では日本に約二億両（邦貨・約三億円）の賠償金を支払っていたのである。

翌日、田中は竹入をホテルに呼んだ。この日、竹入は三回分の会談記録を持参した。田中は時間をかけてこれを読み終えると、開口一番竹入に話しかけた。

「竹入さん、この記録はまちがいないな」

田中は食い入るような顔で言った。

竹入は気色ばんだ。

「一句一句間違いない。中国側と厳密に照合している」

「間違いないな。お前は日本人だな」

「何を言うか。正真正銘の日本人だ」

「わかった。中国に行く」

「本当に行くのか」

「国慶節でもかまわないのか」

「向こうは国慶節でもかまわないと言っている。行くのは間違いないな」

「行く」


あとの問題は、竹入としては「中国側の原則を受け入れた田中が、訪中するという意思を、どう伝えるか」であった。

周恩来は竹入との打合せの席で、田中首相が中国を訪問すると決断したら、その合図はどうするかを相談していた。「もし田中首相が訪中を決断したならば、秋に日本に行くことになっている廖承志を団長とする訪日団を『延期する』と、日本側で発表しよう」ということにしていた。

そして、八月六日の朝刊には「中国の大型代表団訪日延期」という、関係者にしかわからない奇妙な記事が載ったのである。

竹入メモは、正常化交渉の準備を進めていた外務省当局に初めて「正常化」実現に向けた明確な見通しを与えた。これによって、この中国案を基に交渉に向けた準備が一層加速することになる。

［**証言**］丁民（元外務省日本課副課長）　公明党の竹入氏を周総理に事前に紹介したのは、松村謙三先生であった。理由は①社会党はソ連派と中国派に分かれているが、公明党は上から下まで一本化している、②竹入氏は田中首相との関係がよい、③日中友好の活動によって右翼に傷つけられたこともあり信頼できる政治家、ということであった。その際、周総理から「創価学会とはどういう団体か」という質問があった。（二〇一二年五月）

## 5. 盟友・大平外相の決意

田中内閣が誕生した一九七二年の夏。日本の政界は中国、台湾との関係をめぐって大きく揺れた。

池田内閣で法務大臣を務めた衆議院議員・賀屋興宣は、親台派の中心的存在として知られる人物である。松村訪中団が貿易事務所の相互設置を決めた際には、法相のポストをフルに活用して日中合意メモの実現阻止に動いた、反共・反中国、親台湾の旗手である。

当時、賀屋は「中共の政治的意図に基づく危険な対日（赤化）工作を排除しなければならない」と、強硬に日中接近を妨害した。彼の背後には、吉田茂や岸信介、福田赳夫ら自民党内の有力な親台湾右派勢力がにらみを利かせていたのである。

だが、吉田はすでに亡く、岸も首相の座を離れて一二年、賀屋も老境を迎えていた。

その日、賀屋は自宅の和室で机に向かい、色紙に筆をふるっていた。

家人から「台湾からの客人が来た」と告げられた賀屋は筆を置くと、客人の待つ応接間に入っていった。そこには二人の随員を伴った、来日中の国民党中央委員会秘書長・張宝樹の姿があった。

あいさつの言葉を交わしながら、張宝樹が言った。

「蔣院長が、必ず先生のお宅を訪ねるようにということで……」

「蔣院長は、心も広く、業績も立派です。行政院長に就任以来、二か月足らずで新しい政治改革を断固として実施されました。いやあ、本当に感心させられました」

張宝樹は秘書に合図して、土産の掛け軸を出すように促した。

「これは張大千先生が描かれた貴重な中国画です。蔣院長が保管していたものですが、今回、ぜひ賀屋先生に贈りたいということで預かってまいりました。どうか、お受け取りください」

恐縮しながらも、賀屋はうれしそうに言った。

「そんな値打ちのあるものをいただいて、お礼にお返しするものもありません」

「賀屋先生は政界の元老で、徳が高く声望がある方です。蔣院長が尊敬の念を抱いていると言われていました」

「穴があったら入りたい。赤面の到りです」

あけすけな賛辞にくすぐったそうに言うと、賀屋は話題を変えた。

「話はちがいますが、張先生は先日自民党の人たちと会談されましたが、印象はいかがでしたか？」

張宝樹は露骨に眉をひそめて、首を振った。

「話になりません。力を貸したいが貸しようがないと言っていましたが……」

うなずきながら、賀屋は持論を展開した。

「田中内閣は、世界の風潮に従って民衆の単純な情熱を利用して、中共と会談をしようとしていますがとても残念なことです。これは、蒋介石総統、蒋経国院長から日本が受けた大恩に背く行為です。今の日本には、吉田先生のような先の読める政治家がおりません。非常に悲しいことです。しかし、私は政治家として、日本の政治が誤った道に踏みいることを阻止しなければならない責任を負っています。どうか、私を信じてください」

賀屋の言葉に勇気づけられ、張宝樹は不安に思っていることを口にした。

「話によりますと、大平外務大臣は中共の特使二人と密かに何回も接触したそうです。そして、中共と具体的な方案を検討し始めたとのことですが、先行きを気にかけております」

張宝樹は、日本での孫平化と肖向前の動きをよく知っていた。

賀屋もまた大平らの動きを知ってはいても、台湾の客人の前では弱音を吐くわけにはいかなかった。あくまでも、強気の発言を貫いた。

「それはただのポーズだろう。最終的には、田中君は自民党内でこの方案を通さなければなりません。日本の古い友だちは友情を忘れないからと、蒋院長にお伝えください」

賀屋のもとから帰った張宝樹は、駐日台湾大使の彭孟緝と駐日台湾大使館の庭を散歩していた。すでに日が低く傾く中で、庭師が剪定を続けている。

その様子を目にとめながら、彭孟緝は深いため息をついた。

「総統は頭の切れる人だが、ここは強行作戦を取るより仕方がないでしょう。張秘書長としては、困ったことでしょうが」

「強行作戦ですか。しかし、それは最後の手段でしょう。日本に来る前に蔣院長が、田中首相と大平外相にぜひ会うようにと、何回も言われました。しかし、自民党は橋本幹事長と桜内政調会長が応対するだけで、二人には会わせてもらえません。橋本幹事長たちは、自分の態度を明確に示せずに、ただ内閣のやることに干渉する術がないと言っています。これでは帰国後、蔣院長に何と報告すればよいやら……」

張宝樹が困惑の表情を浮かべると、彭孟緝が同情しながら言った。

「世論は中国一辺倒です。だから、大使館も日本に住む華僑たちからの、国籍変更に関する電話攻めにあっています」

つい、愚痴っぽくなるのをあえて鼓舞するように、張宝樹は強い口調で言った。

「まったく希望がないわけではありません。自民党内ではタカ派の勢力が強いからです。賀屋先生は党内でかなりの影響力を持っています。彼と話をしましたが、彼は一部の議員たちと力を合わせて、田中内閣と中共との会談を必ず阻止すると話してくれました」

二人の横で、庭師が梅の枝を切るのを見て、膨孟輯が問いかけた。

「植木屋さん、今、枝を切るのは少し早いんじゃないか」

呼びかけられた庭師は、手を止めて言った。

「早めに枝を切ると来春、早めに花が咲くんです」

「なるほど、来年の春か……」

そういうと、膨孟輯は張宝樹を見てうなずいた。


台湾では蒋経国と蒋経国の孫娘の蒋友梅が、台北郊外の蒋介石の別荘のある陰陽山に向かっていた。

なかなか着かないため、一二歳になる蒋友梅が、無邪気な質問をした。

「お祖父さん、曾祖父さんはどうしてこんな山奥に住んでいるの?」

「曾祖父さんは、今、休暇中だからさ。おまえだって、学校が休みのときは避暑に山に行ったりするだろう」

蒋友梅が一緒についてきたことを後悔しはじめたころ、森林の中に古風なたたずまいの家が見えてきた。

周囲を赤い壁に囲まれた庭で、蒋介石は籐の椅子に座り、池に浮かぶ蓮を眺めていた。横には蒋介石を守るボディガードが立っている。

蒋経国に連れられ、いくつもの門をくぐり抜けてようやく庭まで来ると、蒋介石を見つけた蒋友梅が「曾祖父さん！」と叫んで駆け寄った。

蒋経国はボディガードに近づくと、総統の体の具合をたずねた。

「あまり気分は良くないようです」

そんな蒋介石だが、曾孫娘の前では上機嫌である。

「曾祖父さん、一人暮らし、寂しいでしょう？」

「いや、私はここが気に入っているんだ」

そういうと、蒋友梅の手を取った。

「お前の学校の話を聞かせておくれ」

「はい。国語、数学、地理とかを習っているんだけど、私は地理が一番好きなの。それと週二回、アニメを見るんだけど、中国って本当に大きい。万里の長城に揚子江……、教科書に載ってたんだけど、揚子江上流の三峡というところ、急流に岩がそびえ立って景色が本当に美しい……。曾祖父さん、行ったことある？」

蒋介石がうなずくのを見て、蒋友梅は続けた。

「私も行ってみたい。去年の夏休みは、お母さんにドイツのお祖母さんのところに連れていってもらいました。パリ、ベニス、ロンドンと回ったけど、一番行きたいところは万里の長城です」

急ぎ足でやってきた蒋経国が、蒋友梅の名を呼んだ。

「向こうに行って遊んでおいで。私は曾祖父さんと話があるんだ」

蒋経国に言われて、彼女は素直にその場を離れていった。

「話って、何だ？」

という蒋介石に、蒋経国は「大したことではないんです」と前置きすると、

「駐日大使館からの電話によると、張氏は日本政府の中国共産党との接触を阻止するべく積極的に動いております。しかし、中共の二人の工作員が、日本で田中内閣の北京行きを進めています。その情勢は今のところ、予想がつきません」

やや意外な表情を浮かべた蒋介石が言った。

「田中氏が、北京へ会談に行く可能性はあるのか？」

「あるかもしれませんが、自民党のタカ派は、できるだけ田中総理の行動を阻止すると、張さんが約束を取りつけております」

うなずきながら、蒋介石は言った。

「日本人は、恩を恨みで返すようなことはしないだろう」

「今の局面では、人事を尽くして天命を待つしか仕方ありません。お父さんは、政治の激動の中を頑張ってきました。もう十分です。この件については心配なさらないでください。私が力を尽くしてうまく処理するように努力しますから」

蒋介石は深いため息をつくと、椅子の背にもたれかかった。

七月二二日に続いて、八月一一日、大平外相は上海バレエ団を率いて来日中の孫平化と二回目の会談に望んでいた。

会談場所であるホテルオークラ前には、その情報をどこで嗅ぎつけたのか、右翼の街宣車がマイクでがなり立てていた。

「我々は永久に支那人とは握手することはない。支那人は出ていけ！　大平、よく聞け。支那人と談判するということは、降伏するということだ。我々は貴様を、絶対に許さない」

どんどん過激になる右翼の主張に、ホテルの警備員たちが万一に備えて警戒の色を強めている。

ホテルの外の様子が会議室の大平たちのところまで聞こえてきていた。

眉をしかめながら、大平が強調した。

「国交を回復することに対し、国内ではまだそれを阻む勢力もあります。さらには我々自民党内でさえ、反対する意見があるのが実情です。社会の中で右翼というものは事あるごとに、機会に乗じて騒動を起こすものなのです。どうかご了解いただきたい。しかし、これだけは確実です。これはほんの小さな逆流に過ぎず、決して主流ではないのです」

「わかっています。彼らには日本国民と政府を代表することはできません」

孫平化と一緒に、その日の会談に望んだ肖向前があいづちを打つと、孫平化が続けた。

「こういった状況を我々はその都度、周総理に報告しています。総理も理解しています。同時に大平先生と田中先生の決意を信じています」

「周総理のご理解に感謝します」

大平の言葉に、孫平化は重ねて自分の来日の最大の使命を口にした。

「我々のバレー団は間もなく帰国します。その前に、田中首相に是非ともお会いしたい。その際、周総理の首相閣下に対する訪中要請の旨を直接お伝えしたいのです。これはどうしても実現したい、必要なことだと考えています」

「ただいま、田中首相は各方面と調整を行っているところです。孫先生、肖先生にはどうぞ、ご理解いただきたい。あなたがたの首相に対する訪中のお誘いは大変うれしく存じます。首相は、孫先生のご帰国前にできる限り会談を実現させたいと思っています」

「私たちは、大平外相と田中総理を信じています。周総理は、あなたたちのご返答を待っているのです」

肖向前が念を押すように繰り返した。

「ありがとうございます」

大平は二人を見据えながら、自分に言い聞かすように続けた。

「こうして会談を重ねながら、私たちはまさに一歩一歩北京に近づいています。それが私にはよくわかります。お二人の思いも同じだと私は信じています。その共通の思いがある限り、歩調はゆっくりでも最後には必ずたどり着きます。私は政治家として、一人の日本人として、その日を今から楽しみにしているのです」

［**証言**］肖向前（元中日覚書貿易東京事務所首席代表）「田中首相、大平外相らの日本政府代表団が北京を訪問されるならなんでも相談できるでしょう」と私たち二人が強調すると、外相は決然として「齟齬なし」と発言した。「一致しないことはない。これで完全に正常化交渉にのぞむことができる」と安心した。（二〇〇二年八月）

日中の国交正常化に政治生命をかける大平の決意は、さまざまなところで明確に見てとれる。

その日の夜、私邸にもどった大平は書斎の文机の前に正座しながら、一人目を閉じ考えにふけっていた。

たくさんの本が並んだ書棚には、日本の書物の他、海外の書物が少なくなかった。その中でひときわ目を引くのが数冊の線装書（中国伝統の綴じ方の本）である。

「着着過進洋洋万里」と書かれた大平の書が壁に掛かっている。鈍牛と言われた大平が孫平化と肖向前に言った「歩調はゆっくりでも、最後には必ずたどり着く」という言葉は、まさに彼の信条だったのである。

机の上には、古風な中にも上品さがうかがえる木箱が置かれていた。中に匕首が一本入っている。そして、脇には紙帖が広げられていた。

部屋に籠ったままの大平の様子を気づかった夫人が、部屋に顔を出した。

沈思黙考する大平を見て、声をかけようとした夫人は、文机の上の木箱を目にしてはっと息を飲んだ。

「あなた！　何ですか、それは」

「……」

静かに目を閉じたままの大平を見つめていた夫人は、目を机上の紙に移すと、そこに書かれた文字を目で追った。

「この匕首は、永久にあなたのそばにあります。もしも私の身に万一のことがあっても、この匕首は私の代わりにあなたの身を守ってくれます。そのときは、この匕首を私と思って、あらゆる不安や恐怖、迷い、そして悲しみを鎮める縁としてください。私はあなたを生涯の伴侶にできたことを神に感謝しています……」

彼女は恐怖に震えながら夫を見ると、

「あなた！」

といって、涙ぐんだ。

目を開けた大平は、なだめるように、

「すまん。驚かせてしまったな。そういうつもりじゃなかったんだ」

という大平の言葉を最後まで聞かずに、彼女は顔を覆って部屋を飛び出していった。

ショックのあまり顔面蒼白となった彼女は、二階の部屋で放心したように座っていた。

なおも涙がとまらない様子の彼女に背を向けて、大平は窓からおぼろ月を眺めていた。

「政治家になった以上、刃のうちで舞うことも必要なのだよ」

「はい」と言葉にしようと思うのだが、声にならない夫人に大平が諭すように言った。

「総理は日中国交回復の問題に関しては、全面的に私に委ねられている。私は外相として重大な責任を負っているのだ。国交回復は日本人の長年の悲願でもある。だから、私はどんな困難に出会ったとしても、やらねばならんのだ」

その言葉に、いつしか夫人は目を上げて大平を見つめた。

「国交回復は日本の前途に大きく関わることなのだ。だが、それに気づいていない者たちがいる。だから、苦労が絶えないのだ。しかし、あと何十年かすれば誰もが認識するはずだ。だからこそ今、歴史が私に与えたこの任務を、私は国家と次の時代のために悔いの残らぬようにやり遂げねばならん」

「あなた……」

というと、彼女は再び涙を流した。その涙は、すでにショックを受けて流した涙ではなかった。気を取り直した彼女は、涙を拭うようにして言った。

「政治家の妻として、よくわかっております。ただ……、私はあなたの身の安全だけが気がかりです。浅沼先生も竹入先生も、訪中の後に暴漢に襲われているではありませんか」

「私にも覚悟はできている。……すまない」

それだけ言うと、大平は振り返って夫人を見ると、深く彼女に向かって頭を下げた。

深夜、すでに大きないびきをかいて眠りについている大平の横で、彼女はなかなか寝つかれなかった。やがて、そっと寝床から抜け出すと、彼女は二階に祀ってある聖像に十字を切り、大平の成功と安全を願って静かに祈り続けた。

いうまでもなく、大平外相そして田中首相が正常化交渉を進めるに当たって、もっとも心を砕き、苦慮したのは台湾問題であった。具体的には、自民党内の親台湾派と親中国派との間の意見調整であった。

七二年七月一三日、自民党執行部は、それまでの中国問題調査会を総裁直属の「日中国交正常化協議会」とし、会長に小坂善太郎を起用した。同協議会は、国交回復ムードが盛り上がる中で「バスに乗り遅れるな」という自民党議員特有の選挙区対策もあって、最終的には三六〇名の大型協議会となった。

七月二四日、初の総会を開いた同協議会は「九月一〇日をメドに正常化の基本姿勢を決めたい」と、反対派の機先を制する形で宣言した。「軽々にそういうことを言う前に、もっと慎重に審議すべきではないか」と、異議を挟んだ賀屋らの声を一部少数派のものとして、同協議会は「日中国交正常化の機は熟しているという認識に立って、この際、政府は日中間の国交正常化を目指して、慎重な努力をすべきである」との総会申し合わせをまとめた。

総会に出席した田中もまた「協議会の活動によって、大事業を成就せしめたい」と、その決意を語った。

八月二日には、⑴日中国交正常化を行う、⑵田中首相は、国交正常化の基本問題について、双方隔意のない意見を交換するため訪中する、という二点を正副会長会議で決定してしまった。

一見、順調に進むかに見えた党内調整は、結局、当初の予想通り台湾問題をめぐって紛糾することになった。急先鋒となったのは、もちろん親台湾派の議員たちである。彼らの怒りが爆発したのは八月一五日、大平の出席を求めて開かれた常任幹事会の席上であった。

衆議院の会議室では、自民党衆参両院三〇〇人余りの議員たちを前に、大平が質問を受けていた。

野次と拍手が入り交じり騒然とする中、親台派の議員たちが次々と大平に質問をしている。

「先程、外務大臣が『中国の提出した国交回復三原則は基本的に賛成だ』と言われたが、国交回復交渉では、中国側が提出した原則だけを言うんですか？　我々は原則を言ってはいけないのでしょうか」

「確かにおっしゃる通り、外交は原則を守ってこそです。一番基本的な原則は国家の利益を守ること、また交渉を対等に進めることです。中国側との交渉は、この原則をしっかりと守ってこそ、成り立つ話です」

大平が答えると、親台湾派から野次が飛び、親中国派からは拍手が起こった。

「あなたがおっしゃる原則を守るためには、中国と交渉するとき、政府としては多大な努力を払わなければなりません。即ち、大陸の中国と外交関係を回復すると同時に、経済貿易、文化および外交関係などを含め、中華民国との既存の関係を維持しなければなりません。これは、我々の堅持すべき原則です」

親台湾派議員が、語気を強めると、野次と拍手が一層大きくなる。議長役の小坂が立ち上がって「みなさん静かに！　静かに！」というのだが、会場は騒然としたままである。

会場の混乱を見据えながら、大平は大声で訴えた。

「みなさん、ご存じと思いますが、この前の記者会見で明らかにしました通り、中華人民共和国と外交関係を樹立しながら、台湾との外交関係を維持していくことは不可能です。よく考えてみてください。世界のどこに、中華人民共和国と外交関係を樹立した後、引き続き台湾との外交関係を維持している国がありますか？　日本も例外ではありません」

「それじゃ大臣は台湾を放棄すると決めているんじゃないか。それなら我々が、ここで台湾問題を討議する必要はないじゃないか！」

「そうだ、そうだ」

と、親台湾派の議員たちが勢いづく。

「外務大臣は、あまりにも主観的すぎるじゃないですか！」

「これは外交独裁だ！」

「日本人は恩に背いてはいけない！」

「静粛に！　みなさん、秩序を守ってください」

と、小坂が懸命に混乱を抑えようとして叫ぶ。

賀屋の他に、後に青嵐会を結成する若手グループの中川一郎、藤尾正行、渡辺美智雄らが口々に大平に食ってかかった。

「我々は既成の事実を無視してはいけません。日本と台湾は二〇年来友好関係を保ってきましたが、もし外交関係を断絶すると、外務大臣としていろいろな問題をどういうふうに処理しようと、お考えなんですか？　例えば、台湾に投資しているたくさんの日本企業や数千人の華僑の安全問題など、どうするつもりですか？」

「確かに、この問題はあなたの言われる通りだ。だが、我々は枝葉をかばって森を失うことはできない。つまり、中国と国交回復の交渉をするときには、大を得るためには小さな犠牲には目を瞑らねばならぬということだ。その点について慎重に考慮しなければならない。事実、今その点を慎重に考えている」

親台湾派の追及は、なおも続いた。

「中国との国交回復ということが、国際社会や国内での一つの流行のような風潮さえあるが、外務大臣はこの風潮に流されて、大切な政治資本を無駄遣いしておられる」

だが、大平もまた一歩も譲らない。

「国民の選んだ議員として、首相が任命した外相として、私には多くの国民の意思を代表する責任と国家の利益のために職権を行使する権限があります。首相が私を解任するか、あるいは君たちが政変でも起こして、政府を引っくり返さない限りは」

ますます騒然となる会場を見て、小坂が宣言した。

「よろしいですか、みなさん。言っておきますが、我々の議題は、日中国交回復と台湾問題にどう対処するかの討論です。別の問題に波及させるのはいけません。本日の会議は、ここまでとします。討論の続きは、また後日。では、会議を終わります」

ざわざわと議員たちが立ち上がり、廊下の外に出ると、三々五々、議論している。

「口数の少ない大平さんがあれほど熱弁をふるうとは夢にも思わなかった」

「まったくだよ。今後、大平さんに対する見方が変わるのはまちがいないだろう。慎重で冷静な大平さんが、今日は別人のようだった」

「外相は日中国交回復に対し、すでにほぞを固めているのだ」

「ああ、そうとしか思えないよ」

若い二人の議員が歩きながら話していた。

八月三一日の日中国交正常化協議会では、小坂会長らの不信任案まで提出され、「ペテン師」呼ばわりされた小坂が「ペテン師とは何ごとか」と怒鳴り返し、ジュースのビンが割れ、灰皿が砕ける事態にまでおよんだ。

そのころのマスコミには、田中首相以上に日中国交回復に積極的であり、田中訪中に政治生命をかける大平外相というイメージができていた。

日中国交回復の積極的推進論者、外相大平正芳の人間像を紹介する「朝日新聞」。外相・大平正芳氏をリーダーとする日中友好議員の動き、孫平化氏との会談を斡旋する大平についてクローズアップする「毎日新聞」。日中国交回復への熱い高まりを演出する大平外相のすべてを伝える「産経新聞」。彼の動向がさまざまな写真とともに、連日のように新聞紙上を賑わす。

大平は、味方も多かったが、敵も少なくなかった。その意味では、いつどんな事態に巻き込まれても不思議ではなかった。


八月一五日、平日の昼下がりの地下鉄内では、不精ヒゲを鼻の下からアゴにまで生やした三〇歳前後の男が、座席に座って新聞を読んでいた。彼の視線の先には、日中国交回復に関するニュースとともに大平の顔写真があった。静かに記事を読んでいた男は、やがて怒りで顔を真っ赤にすると、手にしたボールペンで大平の顔に落書きを始めた。「中国の番犬」「日本の恥」と書きながら、男は怒りを抑えられないように、ペン先で激しく新聞を突き破った。

その異様な行動に息を飲み、驚きの目で男を見つめる周囲の乗客……。自分にまつわりつく視線を跳ね返すように、男は周りに挑戦的な目を向けながら、電車が次の駅に着くと他の乗客を押しのけるようにして降りていった。

男が向かったのは、東京郊外にある市民会館であった。その日は、終戦の日を記念した「日中関係講演会」が開催されていた。

客席は、数百名にのぼる市民でほぼ埋まっていた。壇上には中国帰還者連絡会会長の藤田茂（元陸軍中将）が、ほとんど直立不動の姿勢で聴衆に向かって語りかけていた。両脇の椅子には、控えるように人民服風の衣裳を着た老人が座っている。

「我々日中友好元軍人の会の会員たちはみな、戦争中、中国で血生臭い罪を犯してきた戦争犯罪人であります。すでに命をかけても償えないほど、中国の人々に対して、深い傷を負わせてしまいました。日本が降伏したときに、我々は捕虜となりました。軍人として身をもって殉国しようとしましたが、しかし自殺をとどまりました。これはもしかしたら、心の奥に潜む生への渇望だったのかもしれません。一九五一年、シベリアから撫順の戦犯管理所に移されました。我々は中国人に会うのが怖かった。なぜなら、彼らの父母兄弟の死は、我々軍の刃の下にあったのですから。しかし、その中には自分の親の仇である我々に対して、何もなかったように接してくださる人もありました。一番最初のころは、我々は中共による改造を拒み、絶食、自殺、逃亡を試みました。しかし、すべて失敗しました。我々は、現実と向き合わざるを得なくなり、改造を受けました。中国の人々が望んでいるのは、肉体として我々を消滅させるのではなく、我々の軍国主義思想を消滅させることなのです。そこで我々は、人道主義の教育を受けました。朝鮮戦争のころでした。中国の物資もすこぶる貧窮していました。彼らの中の傷ついた兵士たちは、病院で横になって毎日粗末な飯を食べていました。それなのに我々罪人に対しては……」

そういうと、藤田は声を詰まらせた。両目にあふれる涙に誘われるように女性客の間からも、すすり泣く声が洩れてきた。

……藤田には撫順戦犯管理所での生活を思い返すとき、決して忘れられない思い出があった。

藤田の記憶の中で、彼はその日もいつものように、監獄服を着た戦犯たちと一緒に長いテーブルにつき食事を待っていた。失意の日々、明日への希望もない身でありながら、空腹は体に正直に訪れてくる。食欲だけが生きていることを実感させる、そんな日々が続いていた。

藤田たちの前で中国人の炊事係が、白い米飯と二種類の料理を置いていく。食事を運んでくる彼らが、藤田たちに出す料理を見て、なぜか生唾を飲み込みながら食堂を出ていった。

そんな彼らの様子に気づいた藤田は、用を足しにいくふりをしながら、こっそりと炊事係の後について行った。食事をすべて運び終わったひとりは、炊事場に隣接した一室に入っていった。

「これでみんな揃ったか。じゃあ、我々も食事の時間にしましょう」

「いただきます」

中から、声が洩れてくる。そこは事務室でもあり、また職員たちが自分たちの食事をする場所でもあった。そっと中の様子をうかがうと、撫順戦犯管理所の職員たちの前には、コーリャンの飯一杯と一椀の汁が置かれているだけであった。貧しい食事をゆっくりと味わっている職員たちの姿を目にして、藤田は複雑な思いで目を閉じた。その目から涙が一筋、流れていった。

いつの間にか、仲間たちが藤田の後を追ってその場に来ていた。何も知らなかった自分たちの扱いの一端に触れて、確実に彼らの表情が変わっていった。

仕事とはいえ、自らを犠牲にして尽くしてくれていた戦犯管理所の人たちの真実に触れた思いで、彼らはみんな感動していた。その裏返しのやましさ、後ろめたさが彼らを苦しめた。そうした感情は彼らが人間としての本性を、再び取りもどそうとしている一つの証であった。

壇上の藤田は、あふれる涙を拭おうともせずに、静かに講演を続けている。もらい泣きをする婦人たちのすすり声が会場に響き渡った。

「我々に命を奪われてしまったにもかかわらず、中国人は我々の魂から失われていた、人間の持つべき正義や友愛の心、そして平和の本質を再び吹き込んでくれました。我々のような戦争を経験した者には、戦争がどれほどの災難をもたらすかをよくわかっています。人類間の友愛や平和は永遠のものであり、我々は戦争や敵意を放棄するべきなのです。日中両国の四半世紀にわたる隔たりをなくさなければなりません。我々のような余命いくばくもない旧軍人は、ただひたすら残る力を、そのことに注ぐことしかできないのです……」

そのころ、市民会館の舞台裏には、十数名の右翼青年たちが立っていた。数人はバットを手にしていた。彼らにとっては、藤田たちの活動は日本帝国軍人にあるまじき行為としか映っていないようだ。感動の涙さえ、唾棄すべきものでしかなかった。

一人の右翼青年がホイッスルを鳴らすと、彼らは壇上目がけて突進した。

一瞬にして、会場はパニック状態に陥った。だが、悲鳴を上げて逃げる婦人たちの姿を目にしながら、あわてるふうもなく壇上に立っている藤田。その周りを固めるように、数名の元軍人の会会員が集まると、数名の右翼がバットを振り回して襲いかかった。互いに掴み合い揉み合いになる中、右翼青年たちが口々に叫んだ。

「貴様らは日本軍人の裏切り者だ！」

「共産党のスパイだ」

「アカを叩きのめせ！」

飛び交う拳とバットを避けようともせずに、藤田は無言のまま目の前で展開される光景を見ていた。一人の右翼が藤田の脇を固めた老人を殴ると、周囲の守りが乱れて、藤田の頭にもバットの一撃が飛んできた。

思わずよろける藤田。それでも、やっとのことで耐えていると誰かが叫んだ。

「警察が来たぞ！」

まるで、それが合図であるかのように、右翼たちは散り散りに逃げていった。

その週末、東京郊外に住む藤田のもとを、日中友好元軍人の会の会員数名が見舞いに訪れていた。市民会館では気丈にも倒れることなく耐えていた藤田だったが、翌日になると、バットで打たれた頭と揉み合いになった体の節々が痛んで、ついに床に伏してしまったのである。

息子か孫のような右翼の青年たちによる襲撃は、彼に大きなショックを与えることになった。張り詰めていた緊張の糸が切れたように、すっかり気落ちした様子の藤田を見て、お茶を運んできた娘の枝子が涙を懸命に隠していた。

「私はもう長くはない……。今日はみんなありがとう。心から……感謝する」

枝子も、正座して一緒に頭を下げた。

「藤田さんは日中友好のために力を注いできたのだ。あの手のやつらはまったくわかっていない。しかし、犯人のひとりを警察が逮捕したそうだ」

何か話そうとして苦しむ藤田を制すると、枝子が父の代わりに話し出した。

「父は、自分の遺骨をかつてみなさんが過ごされた撫順の地に埋葬してほしいと言っています」

言い終わると、うなずく藤田を見て、ついに枝子は堰を切ったように泣きじゃくった。

「これはずいぶん前からの父の希望です。死ぬときは人民服を着て死にたい、と。また、今まで父はずっと心にかかることがあり、後ろめたい気持ちで過ごしてまいりました。中国の数人の友人の方々が、父やみなさんのことが原因で誤解を受け、罰せられたとうかがっています……」

枝子が泣きながらいうと、藤田は力なくうなずいた。その姿に、日中友好軍人の会会長の遠藤三郎（元陸軍中将）が藤田に近寄って励ますように、

「藤田君、安心して静養するがいいさ。君の気持ちはよくわかっている」

そういうと、他のメンバーも口々に言った。

「安心してください」

「どうかお大事に」

孫平化らの来日の最大目標である田中首相との会談は、上海バレエ団が帰国する前日の八月

一五日に実現した。

日中国交正常化協議会が荒れ、会場である帝国ホテルでは、百名以上の警察官が警備に当たっていた。

孫平化、肖向前ら一行が、緊張の面もちで一六階の広間に入っていくと、すでに田中、大平ら日本側のメンバーがソファに座って待っていた。

現職の首相が中国代表団団長らと会うのは戦後初めてである。

一通りのあいさつがすむと、孫平化は周恩来からのメッセージを伝えた。

「周恩来総理は私に、あなたがたを正式に招待する旨を伝えるようにといいました……」

「周恩来総理のご好意に感謝し、正式にお受けいたします。周総理との会談が実り多いものであるよう希望します」

そういって頭を下げた田中は、熱のこもった口調で続けた。

「首相になったその日から、私は中国訪問を願っていました。私が政界に入ったその日から、首相になることを願ったのと同じです。まだ、ひと月余りしか経っていませんが、私はその瞬間がどんどん近づいていることを確信しました」

肖向前が共感するように、うなずいた。

「中国政府並びに中国人民も、そのときが一日も早く来ることを待ち望んでいます」

「日中間に横たわる問題解決に関して、まさに機は熟しました。これは、多くの先人たちの尽力の賜物です。しかし、日本と中国の間には外交関係の上で二〇数年の隔たりがあります。いくつかの問題については、今後の検討を待たねばなりません。この点を、ご帰国後なにとぞ、周総理にご理解いただくようにお願いします」

田中は乗り越えるべき問題に関しても、率直に言葉を継いだ。

「もうひとつ、問題があります。近々、我々は自民党の日中国交正常化協議会代表団を派遣するつもりですが、なかには日中国交回復に対して、違った意見を持つ者もいるかもしれません。周総理には、このことに関してあまり意に介されず、ひとつ私の立場をわかっていただきたい。まだ、党内の意見と行動の統一が充分にできていないのです。

三〇年前、私はひとりの軍人として中国に渡りました。幸運なことに、一年後、病気が原因で帰国することになったのです。しかし、その間の中国でのできごとは、私の原点の一つです。あの体験がなければ、私には首相として中国を訪れる勇気は持てなかったでしょう」

肖向前が、何も心配することはないというふうに、田中を見ながら再び口にした。

「周恩来総理は、あなたを待っています」

その言葉を聞いて、田中は思いを遠く中国に馳せるようにしみじみとつぶやいた。

「北京へ行ってみたい……」

そして、孫平化と肖向前にどちらともなくたずねた。

「北京はいつごろがいいのかな？」

肖向前が確かな手応えを感じながら、

「九月下旬から一〇月上旬でしょう。空高く爽やかな季節です」

と、強調した。

返事を聞く田中の表情は、すでに秋の中国に飛んでいるようであった。

この会談は、午後四時三〇分に始まり、一時間一五分間続いた。終わりに、双方が決めた四点をマスコミに発表し、田中首相の訪中日程が確定後、双方が同時発表することで合意した。

そして、このニュースが発表されると、両国はもとより世界中で大きな反響が起こった。

［**証言**］張香山（元外務省顧問）　周総理は出発前孫平化に対し「二人の身分は連絡員でしかないので独断で交渉してはいけない」と言った。孫平化と肖向前はよく自分の任務を達成した。（一九八八年八月）

八月一六日、上海バレー団は日本側が用意した直行便で帰国した。当初、中国側は通常のルートにより香港を経由して帰国する予定であったが、来日当初より、藤山愛一郎が日航機で全員を上海に送り出す考えを伝えていた。その後、岡崎嘉平太がそれを知り、全日空で送りとどけたいとの希望を孫、肖に伝えていたが、二人はこれに難色を示していた。しかし、孫は中国よりこれとは反対の指示を受け取る。

周は孫からの電話記録を読み、

「違う。これは日本への積極的な合図だ。これが政治なのだ」

と指示したのだ。これは各界に大きな反響を呼び、正常化への気運は一層高まった。

上海に着いた孫平化は、休みもとらず翌一七日夜北京にもどると、その足で周恩来の待つ人民大会堂にかけつけた。会議室のドアを開けると、周恩来が一人で座っていた。

**「証言」** 肖向前（元中日覚書貿易東京事務所首席代表） 日本から帰国するとき、藤山先生や岡崎先生が日本の航空機を用意してくれると言うので、孫さんと私はそんな必要はないだろうと思った。しかし本国に電話すると「孫たちは物事がわかってない」と言って周総理が怒っていると言う。私たちはあわてて、日本の航空機を使わせてもらうことにした。（一九九九年四月）

二人は久し振りの再開に、固い握手を交わした。

周恩来が喜びを隠さずに、握った手を揺さぶった。

「ご苦労だった。君の率いるバレエ団の演技は大好評だったそうじゃないか。こちらで座って話そう」

周恩来の言葉にすっかり感激した孫平化は、どうしたらよいかわからないというように言葉をなくしていた。この五年間、周と面と向かって話をする機会はなかった。それがようやく今その機会に恵まれたのだ。

そんな孫平化の様子を微笑ましく思いながら、周恩来は本題に入った。

「さあ、ゆっくり話を聞かせてください。君と肖向前は田中首相と話せたのだろう?」

「田中首相は九月下旬、遅くても一〇月初めにはきっと北京に参ります。ご安心ください」

孫平化は、田中との会談の一部始終を身振り手振りを交えながら語った。

会談で、唯一田中が懸念を示した党内調整等の乗り越えなければならない問題について、周恩来に理解を求めたことなどを伝えると、周恩来は、

「わかった。何せ田中内閣は成立してわずか一か月なのだ」

と、うなずいた。

日中国交正常化協議会代表団の訪中に関しても、周恩来は理解を示した。

「結構だ。どんな人にも来てもらいたい。私は各界の人々に会ってきた。学生、ビジネスマン、軍人、文化人……。右翼の人物にだって会えないことはない。互いにそれぞれの言い分が

あるのだろうから……」

孫平化は、田中との会談が終始なごやかな雰囲気の中で進行したこと、そして田中の思いはすでに中国にあるとの印象を伝えた。

「それでは田中首相は大体九月下旬から一〇月上旬に訪中するというのだな」

といって、周恩来は満足そうに微笑んだ。

そのころ、東京の繁華街を走る車の中で、さほどみるべき成果がなかった国民党の張宝樹が、見るともなく外の景色を眺めていた。隣りには、満面渋い表情の彭孟輯が座っていた。

結局、親台湾派の議員たちと関係を暖めることぐらいしかできなかった張宝樹の訪日について、彭孟輯が問いかけた。

「張秘書長、台湾に帰国されたら、何と報告されるのですか?」

「ありのままを報告すればいいのだ。蔣院長はいつも言っておられる。人事を尽くして天命を待てと。私はできる限りのことをした」

「岸信介と賀屋老人も古い友人としての誼は尽くしてくれた。彼らだって時代の流れをもどすことができない無力さを嘆いていた……」

「では、あなたは最終的にはどのような状況になると?」

張宝樹の問いに、彭孟輯が答えた。

「田中は九月下旬に訪中すると公表している。しかし、彼は楽観的すぎる。せわしすぎる。中日国交回復という舞台に上がってから大陸に行くまで、たったの二か月余りだ。中日国交回復をめぐっては、たくさんの問題が解決を待っているのだ。中共の周恩来は国際問題を処理するのには、熟練した腕を持っている。恐らく田中では相手にならんだろう。しかも自民党内の友人たちは我が国との外交関係をずっと守ってきた。韓国もアメリカもソ連も、このことに無関心ではいられないだろう。田中もこれらの国との関係を考えないわけにはいくまい。中国に行くことは、田中内閣にとって背水の陣となるだろう。つまり、もしうまくいかなければ、賀屋たちが内閣を倒しにかかるということだ」

日中国交正常化へ大きく動き出した日本では、大平外相が霞が関の外務省内に「中国問題対策協議会」を設けて、田中訪中に備えていた。

会議の行われる日の早朝、庁舎に現れた大平はすでに会議室に集まっていた外務省の担当者たちを見渡すと、口を開いた。

「この一か月、みなさんご苦労さまでした。本日集まっていただいたのは、みなさんに国交回復交渉の草案に対する最後の討論をしていただくためです。その後、我々は草案を中国側に送ります。交渉が順調にいくかどうかは、この草案にかかっているのです。従って、どんな手落ちも曖昧な対応も許されません。小川君、あなたは中国問題の専門家だからよろしく頼みます」

「はい」

落ち着いて、すでに老成して見える小川平四郎が、立ち上がって大きな声で返事した。

「高島君、あなたは交渉の専門家ですから、その方面の問題はすべてまかせます」

「ご安心ください」

気負ったように、角張った顔の高島を見て、大平は続けた。

「マニラからわざわざ帰ってきてもらったのは、君に条約理論のことをいろいろ手伝ってもらうためです。よろしくお願いします」

高島は尊大な態度で、うなずいた。彼は当時、外務省に根強く残っていた日台条約は条約理論上、国際的に成立しているとの見解にこだわる一派の影響を深く受けていた。

「それでは、始めます」

というと、秘書官が大平の前に大きな束の文献と資料を置いた。

田中訪中が決まって忙しいはずの廖承志は、夜の書斎に籠ったまま満面悲痛な面持ちで机に座っていた。机の上には、母である何香凝の遺影が飾られていた。

外に一台の「紅旗」が音をたてて停まったが、気づかないまま彼は、机に向かって何かを書こうとしていた。

紅旗から降りた周恩来は、出迎えた廖承志の子どもたちや親戚縁者と握手し、あいさつを交わしていた。

周恩来が廖茗の手を握ると、言葉をかけた。

「君が廖茗だね。北京大学を卒業して青海に配属された……」

廖茗がうなずくと、さらに廖暉の手を握りながら、尋ねた。

「廖暉だね。いまは知青（知識青年）か。どこにいるのだね？」

感激した様子で周恩来の手を握り返すと、

「北大倉です」

返事を聞きながら、廖承志の姿がないことに気づいた周恩来は、

「お父さんの具合はどうだね？」

と、問いかけた。

「祖母が死んでから父はずっと悲しみに暮れています。夜は一人で書斎に閉じ籠りっきりで……」

と、廖茗が答えた。

「そうか……」

心配そうに眉を曇らせた周恩来は、廖承志のいる書斎に向かった。

書斎には、机に向かって物思いにふけっている廖承志の姿があった。

人の気配に気づいた廖承志が、頭も上げずに言った。

「邪魔をしないでくれと言ったはずだぞ」

いらだちを隠そうともしない廖承志に、周恩来が言った。

「どうして癇癪を起こしているのだ。廖君」

その声にあわてて立ち上がる廖承志。

「総理……!」

振り返ったその目には、涙が光っていた。

「何を書いていたのだ?」

廖承志は中日交渉草案を手に取ると、重い口を開いた。

「田中首相がもうすぐお見えになります。万が一交渉草案に落ち度がありはしないかと、いつも気がかりなのです。そのため、国家や民族にとっての損失になったら、私廖承志は後世の人に、また総理の信頼に対しても申し開きできません」

母親を失った悲しみの中で、中日国交回復の行方を気にかける廖承志の胸中を思って、周恩来は胸がいっぱいになった。

「……」

無言のまま、周恩来は廖承志の手を強く握り締めると、二人は言葉もなく見つめあった。

やがて、廖承志の書斎を出た周恩来は、子供たちに声をかけた。

「少し、話そうか」

意外な周恩来の言葉に、ポカンとしながら、廖茗は遠慮がちに言った。

「周おじさんと父は、いつもお仕事の話があります。お邪魔ではないのですか？」

周恩来は手を振りながら言った。

「君たちとだって仕事の話はできるぞ。君たちに地方の状況を聞かせてもらえるじゃないか」

顔を見合せながら、彼らは周恩来と一緒に書斎に入っていった。

廖茗が周恩来に寄り添って座ると、周恩来が廖茗の顔をのぞきながら聞いた。

「君は青海にいるのだろう。しかも知識分子だ。私に青海の様子を教えてくれないか。それから第五次大学卒業生の様子もな」

思いがけない質問に、廖茗は助けを求めるように父親の顔を見た。

廖承志はまったく取り合わないというように、別のところを見たままである。

仕方なしに廖茗は、率直に話し出した。

「青海の暮らしは大変厳しいです。とりわけ遊牧民たちは、この数十年、生活はほとんど変わっていません。ある日、私が一つのテントの前を通り過ぎようとしたときでした。そこで目にしたのは、一家五人にたった一枚の毛布しかなく、食べるものはハダカムギのお粥。そのとき、何だか涙が出そうになってしまいました」

周恩来は暗い表情でうなずき、言葉をはさんだ。

「そうだ。我々人民の暮らしはまだ苦しい。とりわけ辺境の地域がひどい。我々には責任がある。そのことを忘れてはいけない。それから、君たちのような大学卒業生についてはどうだね？」

「私たちはみんな学校で学んだことが活かされていません。境遇はとてもいいです。中学教師をしていますが、大学で勉強したことはすっかり忘れました」

廖茗の話に、廖暉が口をはさんで言った。

「それは恵まれているよ。ほんの一掴みの知識分子だろう。私たちのような知青には、文字も書けない者もいます。家族への手紙さえ代筆を頼むくらいですから」

その率直な話しぶりに、周恩来は頼もしそうな顔をした。

「見たところ、まったくこの親にしてこの子といったところだな。君たちは父親に似て正直だ」

そう言って、しばらく深く考えた後、

「一つ考えがある」

といって、廖茗を見た。

「君は少しでも近くで、お父さんの面倒を見なければならないのではないかな。彼は心臓が良くない。加えて、近頃はまた仕事が忙しい。君は地方からこちらに移ってきたほうがいいね」

周恩来の思いやりを感じて、廖茗は頭を下げた。

「ありがとうございます、周おじさん。こちらにもどっても役に立つことは何もできませんけど……。でも、周おじさんにだって面倒を見てくれる人がいないではないですか」

話が妙な方向へ行きそうになって、気を利かせた廖承志が口を開いた。

「よし、お前たちはもう行きなさい。周おじさんはまだ私と仕事の話が残っているのだ」

出ていく子どもたちを見送りながら、周恩来が尋ねた。

「毛主席はすでに国交交渉の草案を閲読した。何か君のほうで補充することはないかな？」

廖承志はかぶりを振りながら、

「いえ、ありません。ただ私が心配なのは万が一手落ちがあったらということです」

そこまでこだわる廖承志に、周恩来は、

「田中首相より前に、我々の古い友人である古井、田川氏等が訪中する。また、小坂氏も団を率いてやってくる。君も体が許すのならできるだけ私の代わりに、これらの仕事を手伝ってくれ」

といって、廖承志がうなずくのを見ると、ほっとした様子で続けた。

「私はたいそう疲れた。夜ベッドに横になると、全身がバラバラになってしまいそうだ。私には自分があとどれほどのことができるのかわからない。二年あるいは三年……」

「私には時間がないのだ」

周恩来の弱気な発言に、廖承志は咳き込むと、言気を強めた。

「総理、倒れられては困ります。国交回復はあなたなしでは不可能です。目下のところ、中国はいつにも増してあなたを必要としているのです」

廖承志の言葉に気を取り直した周恩来は、

「私は倒れる前日までやる覚悟だ」

と、自らを鼓舞するように言った。

# 6．台湾との約束

一九七二年九月九日、古井喜実、田川誠一、松本俊一（元駐米大使・元代議士）らは北京空港に到着した。タラップを降りてくる古井、田川両人の手には松村謙三と高崎達之助の遺影が掲げられていた。彼らは出迎えた劉希文（対外貿易省代表）、孫平化らの中国側の面々と熱烈な握手を交わした。

劉希文はかつて、古井を「佐藤の代弁者」として、痛烈に糾弾したことがあった。しかし、古井らは厳しかった覚書貿易交渉にも、やがて手を結び合える日がくることを信じて日中間の板挟みになることに甘んじた。その彼らが、田中訪中という大舞台を前に再び出会ったのであるから、言葉ではいい知れぬ感慨が交差したはずである。

今回の古井らの訪中は、田中と大平の訪中のための最後の橋渡し役を演じるため、日中共同声明の日本側草案を携えてのものであった。

訪中した古井一行を見て、古井の本当の使命を知る廖承志は、一刻も早く接触して日本側の考えを確かめたかった。そこで、古井らは九月一日に亡くなった廖承志の母の弔問に出向く形で、翌日、廖承志邸を訪れた。そこには張香山、そしてアジア局次長に就任していた王暁雲、孫平化ら対日関係者が、ずらりと顔を揃えていた。

一通りあいさつが終わると、廖承志がずばり「ところで、古井先生は日本政府案をお持ちでしょうか」と切り出した。

手元に草案を持っていない古井は、口頭で概要を説明したが、その内容を聞いた廖承志らは、ほっとひと安心した。

日本案を検討した周恩来は、一二日と二〇日に古井らと会談。中国側草案を説明し、両者の妥協点を模索したが、結局、戦争状態の終結に関して、すでに日台条約の締結時点で終結しているとする日本側と、今回の日中国交正常化で終結するという中国側とで、ついに合意をみることはなかった。

だが、そのとき周恩来は古井に向かって「私によい知恵があります。心配いりません」と語っている。周恩来の頭の中には、後に共同声明に盛り込まれることになる「両国間の不正常な状態の終了」という表現ができていたのであろう。

最終的に日本側草案について、周恩来は対日関係者を集めて検討した。

その日、人民大会堂の会議室には廖承志、張香山ら対日関係者がテーブルの両脇に並んでいた。草案を手に持つ周恩来がゆっくりと歩きながら声をかけた。

「これが日本側の交渉最終草案だ。主席に審査をお願いするので、みんな何か意見があったら急いで出してほしい。廖さん、あなたの意見は？」

廖承志は立ち上がると、

「我々が提出した草案と少し違いがあります。台湾問題に関しては、日本側の草案は明確さに欠けています。しかし、古井先生は日本側は声明発表後に日台関係を一方的に終結させることを公表すると言っています。日本がこの約束を守るのなら、私は基本的に問題はないと思います」

と、自分なりの感想を述べた。

次に周恩来は、張香山のほうへゆっくりと歩いていくと立ち止まった。

「香山さん、あなたの考えをちょっと聞かせてくれないか？」

張香山が結論づけるように答えた。

「いくつかの問題には表現上まだいくらかの食い違いがありますが、全体的な原則はよろしいでしょう」

「確かにその通りだ。このことは具体的な交渉で解決できるだろう。そのほかに何かあるかな？」

周恩来はゆっくりと孫平化、王暁雲の前に立つと、

「君たち二人は？」

と、たずねた。

「申し上げます。我々の意見は廖先生、香山同志と同じです」

「いいだろう、それではこれを主席にお渡ししよう」

周恩来が、そう言って会議を終わりにしようとすると、一人の事務員が入ってきて、

「古井先生の一行が北京飯店を出ました」

と告げた。


その夜、人民大会堂の小宴会ホールでは古井らをねぎらう招宴が開かれた。

周恩来をはじめ中国側の対日関係者らと、古井ら四名の客人が杯を上げた。

周恩来が、杯を上げて順番に日本の客人と乾杯すると即席のスピーチを始めた。

「本日、この場で古井、田川先生ら四名のみなさんのご来訪を心から歓迎します。みなさんは覚書貿易の代表としてだけでなく、中日国交回復の道を切り拓く役割もすでに形にしてくれました。また、これはみなさんが一つになって努力した結果ともいえます。これは大勢の赴くところであり、人心の向かうところです。中でも、ここに集まったみなさんは特にご尽力くださいました。もちろん、みなさんのような友人たちがまだまだたくさんおられるでしょう。九月九日、みなさんが飛行機から降りていらっしゃるとき、高崎先生と松村先生の遺影を掲げられ

ていました。これは、我々共通の思いなのです。『道を歩くときは道をつくった人のことを忘れてはいけない』……ここにいらっしゃるみなさんはまさに、道を拓き、井戸を掘った人たちなのです。こういった意義を持つみなさんの来訪を、私は特に歓迎いたします。道は拓かれました。しかし、その道は平坦ではありません。ときに曲がりくねったところもある。両国人民の友好が広がり強いものになるように、我々はあえて苦難の道を切り拓く必要があるのです」

パーティの翌日、中南海・豊沢園にある自宅の書斎で、毛沢東は日本側草案と報告書に目を通していた。

外務大臣補佐官の王海蓉が毛沢東のそばに立って、相手をしていた。

毛沢東は王海蓉を見ながら、話しかけた。

「古井氏の接待の際の周恩来のスピーチは良かった。彼らは我々の友人だ。礼をもって迎えなければならない。ところで、聞いたところでは、小坂氏が連れてくる自民党議員代表団の中には中日国交回復に反対している親台派の者がいるそうだな」

「小坂氏の代表団は、明日一四日到着します。古井氏の話によると、これは党内の意見と歩調を統一させるために取った一つの方法だそうです」

王海蓉が説明すると、

「周総理と廖承志君に処理させよう。総理の具合はどんな様子だ？」

と、話題を変えた。

「相変わらず、治療を受けていません」

「彼に伝えてくれないか。『毎日、少なくとも六時間は睡眠をとるように』、私がそう言ったと」

「わかりました」

返事をした後、王海蓉はちょっとためらってから口を開いた。

「実は、自民党の副総裁が九月一七日に台湾を訪問します。目的は日本政府の態度を説明するためでしょう」

毛沢東は笑って言った。

「無駄なことだろう。私だったら、そんなことはしない」

［**証言**］丁民（元外務省日本課副課長）　周総理は午後お客様との面会などをこなし、夜は仕事をしていた。だいたい朝の四、五時まで仕事をし、昼前に起床という生活だった。ときどき日本関係でわからないところがあると深夜に呼び出されることが多かった。その後、田中訪中にそなえ、夜型の生活を朝型に切り替える努力をされていた。（二〇一二年四月）

北京・中南海の西花庁では、周恩来が久し振りの夕食を取るため、鄧頴超とともに食卓についていた。料理係が卓上に食事を並べるのを見て、周恩来は尋ねた。

「今日はなぜ料理が二品も多いのかね？」

「総理はここのところ家で食事をされていません。今月の食費はまだだいぶ余っていますから、毎食一、二品多く作れます」

料理人が気を利かせたつもりで言うと、周恩来は眉をしかめた。

「秘書を呼んでくれないか。今月の支出状況が知りたい」

周恩来に言われて、料理人は秘書を呼びにいった。

「総理、何でしょうか？」

秘書が帳簿を手にやってきた。

「ちょっと今月の支出状況を調べたいんだが」

周恩来は渡された帳簿を細かく調べながら、

「来月から月々の食費を八〇元に減らしてくれ」

そういうと、秘書が困った顔で言い返した。

「総理、一〇〇元でも決して多いとは言えません」

秘書の言葉に、周恩来は帳簿から顔を上げると、料理人に聞いた。

「趙さん、君の家の一人分の生活費は平均いくらだ?」

少し考えて、料理人が、

「大体五〇元ぐらいですか」

と答えると、周恩来が顔を曇らせた。

「八〇元という数字は、趙さんのところよりもまだ三〇元も多い。しかも、私たちはたびたび宴会に出席している。国の金の無駄遣いだ。この数日間、私は食事の度に、廖承志君の娘が言っていたことを思い出すんだ。毎日二食のハダカオオムギの粥しか食べていない者もいるんだよ」

周恩来が言うと、鄧穎超が思い出したというように口を挟んだ。

「ある婦人代表会議で、一人の代表が私に言いました。河南の僻地の農村では、村に一つの時計さえもない。農民は太陽を手がかりにするしかなくて、まだほとんど焼畑農作だそうです」

「我々の経済建設はひどく遅れている。何か方法を考えなきゃならん」

周恩来が自戒をこめるように言うと、警備員が部屋に入ってきた。

「総理に申し上げます。廖承志先生が至急お会いしたいそうです」

「よし、すぐに通してくれ」

部屋に入ってきた廖承志は、食卓に向かう周恩来を見て、

「これはちょうどいいところにやって来たようですな」

といって、笑顔を見せた。

「廖さん、ちょうど今、料理が二つ多かったところだ。これで無駄にならずにすむ」

周恩来は廖承志を食事に誘うと、問いかけた。

「何か急ぎの用かね？」

廖承志は彼の顔をうかがう鄧頴超の視線を感じて、

「いや、いただいてからにしましょう」

といって、遠慮するふうもなく食卓に座った。

食後、書斎に移った周恩来と廖承志は、食事の席のなごやかな雰囲気とは打って変わった様子で顔を突き合わせていた。

「田中訪中の日程準備にあたり、党内に意見のちがう者がいます」

「……」

周恩来は廖承志の言葉に、何もいわず不審な表情を浮かべた。

「上海組の数名が、田中一行に上海を見学させるようにと……」

上海組という言葉に、キッと眉を吊り上げた。

「意図ははっきりしています。彼らも国交回復に関わっている、という宣伝効果を狙っているのでしょう。しかし、彼らはまったく何もしていません」

廖承志の話を聞くと、しばらく考えていた周恩来は、怒りを鎮めるように、

「よし、大局を念頭において、こだわらずにのびのびとやろう」

廖承志は周を見てうなずいた。

「わかりました。明日は小坂さんと会談をします。忙しくなります」

「小坂さんの代表団は、どんな具合だね」

「大多数の議員は大変友好的です。しかし、数名は親台派です」


その翌日、北京飯店の会議室では、廖承志をはじめとする中国側要員が、小坂善太郎ら二十数名の議員と会談した。小坂らの発言を書き取る張香山、王暁雲ら、中国側関係者の顔色がだんだん険しくなった。

それぞれ立場のちがう日本側の議員たちは、さまざまな表情で中国側の顔色をうかがっていた。

「日中国交回復に対し、国会議員としてやむなく指摘させていただきますが、貴国が提出された国交回復三原則は、私には日本にとって代償があまりに大きすぎると思われます。これは周知の事実ですが、太平洋戦争終結の際、中華民国の蔣総統は過去のことは考えずに寛大に対処し、また日本を占拠することがなかったばかりか、三〇〇名あまりの日本人戦争捕虜と難民を釈放し帰国させました。もしも我が国が中華民国との国交断絶をもって貴国との外交関係を樹

立させるのだとすれば、日本は国際社会において、まったく信用を失うことになります」

「中華民国」「蒋総統」という言葉がとび出す度に、みるみる顔色が厳しくなる中国側関係者たちを見て、さすがに「まずい」と気づいた同僚議員が、発言中の議員の足をテーブルの下で蹴った。

「ですから、我々は中華民国との関係処理には慎重になるべきであって、双方とも丸くおさめる方法を見出す努力が必要と思われます。中華民国の利益を害することなく、しかも我々と貴国の国交関係を樹立することも妨げずに……」

小坂一行は、党議取りまとめの苦心を強調するあまり、必要以上に台湾擁護派の意見を紹介することとなり、中国側の反発を招く結果となったのである。

小坂らとの会談の内容を聞いた周恩来は、

「まったくけしからん」

と、怒りをあらわにした。

「明日、抗議するつもりです」

再び北京飯店の会議室で行われた二回目の会談は、廖承志の抗議によってさらに厳しいものとなった。

「昨日、貴協議会の何人かの方々の発言中、頻繁に『中華民国』『蒋総統』などの表現が使われていました。ここは中華人民共和国の首都・北京であり、中日国交正常化をともに論じるとき、このような呼称を使うのは妥当ではないと考えます。蒋介石ら一部の集団は、早くに中国人民に見捨てられ、暫時台湾を不法占拠したものであります。あなたがたは『二つの中国』『ひとつの中国、ひとつの台湾』を追認していることになります。国連復帰もなり、中国を分裂させるという陰謀は、すでに国際法上破綻に終わっているのです。今日、まだこのような論調をなす人のあることに、私は大変驚いています。田中首相、大平外相は、すでに中日国交回復の際には日台関係は存続させないと宣言しているのです。あなたがたは出発前に田中先生、大平先生と面会されたにもかかわらず、この場に及んでこの種の論調を堅持するとは、一体私たちがどのような気持ちになるか……」

止まらない廖承志の抗議に、日本側団員の表情がみるみる強張っていった。いたたまれなくなって二人の議員が、そっと会議室を出ていった。

洗面所の中で、両議員は憂鬱そうに顔を見合わせた。

「まずいことになった。中国側が原則の問題で、これほどかたくなとは思わなかった」

「もっと早く気づくべきだったな……。親台派の単独行動で、我々の立場も危うくなるぞ」

「それにしても、廖先生はおっとりして寛大な人物だと聞いていた。昨日は私もそう思ったが、今日は昨日とはまるで別人のようだ」

「親台派は、彼らの一番敏感な部分に触れたわけだからな」

二人が会議室にもどると、まだ廖が話しを続けていた。

「しかし、それでも私は信じています。中日両国の人々が国交回復を心から望んでいるかぎり、国交回復は必ず実現します。なぜならば、それは大勢の赴くところ、人心の向かうところだからです」


田中訪中を前に、その推進役である大平の周辺は、極度の緊張感に満ちていた。

そんなある日、大平は新幹線の窓際に座って車外の景色を眺めていた。

斜め前には秘書の真鍋が座っていた。

窓からは通り過ぎていく山々が夕陽の中にシルエットとなって見えている。夕暮れの景色をじっと眺めていた大平は、独り言のようにつぶやいた。

「数日後に、交渉のために中国へ行かなければならん。結果はどうなるかわからんが、万が一、交渉が決裂したら、私は永久に日本へは帰れぬかもしれん。日中友好を支持する人たちに合わせる顔がないからな……」

思い詰めたような大平を見て、真鍋は何かを言いかけてやめた。

「小坂君が中国へ渡り、椎名君が台湾へ飛んだ。この二つの事柄は気になる。小坂君と中国側の交渉が決裂すれば、非常に困難なことになる。椎名君が台湾へ行き、もしも折り合いがつかなければ国内の右翼が、この機会に騒動を起こすことになるだろう」

真鍋が黙ったままうなずくと、大平は続けた。

「君ならわかってくれるだろう。私が日中国交回復に命を賭けるのもすべて日本のためだ。私はいつ殺されるかわからない。君と旅するのも、これが最後になるかもしれない」

そういうと、大平は真鍋に、

「いくつかのことを君に任せたい」

と、覚悟を迫るように言った。田中以上に以前から日中国交回復に積極的に取り組んできた大平は、田中訪中を前にいよいよ追い詰められていた。

大平が懸念した小坂代表団の訪中は、日中間に横たわる台湾問題が、なおもしこりとなっていることを浮き彫りにした。

その頃台湾では、特使として派遣された椎名悦三郎副総裁が群衆からの冷たい歓迎に晒されていた。

もともと、椎名特使の意図は台湾の説得か、単なる説明に行くのか不明確なところがあり、一時は受入れを固く拒否されたといういきさつがあった。結局、当時、台湾との青年交流で培った太いパイプを持つ松本彧彦（当時・自民党職員）が、大平の意を受けて根回しした結果、これがやっと実現したのである。

九月一七日、台北空港を降りた一六名の国会議員からなる椎名一行を待っていたのは、椎名の訪台に反対する数千人の群衆であった。空港ビル前の広場は「椎名、帰れ！」「日本人は恩を忘れたのか！」「日本は我々を売った！」などと書かれたプラカードを持った多くの群衆で埋め尽くされ、周囲は異様な雰囲気に包まれていた。

当時の台湾は戒厳令下にあって、集会やデモは本来認められていなかった。しかし、このときばかりは政府が黙認のうえで実行された、いわば官製デモであった。午後二時半、大群衆が見守る中、日航ジャンボ機が到着した。

機体が所定の位置で止められると、出迎えの車が横づけされた。椎名一向が厳しい表情でタラップを降りると、出迎えた台湾外交部の儀典長とアジア局長の二人があいさつもそこそこに、椎名を車に乗るように促した。

十数台の車に分乗した椎名一行は、軍用ゲートからサイレンを鳴らした警備車の先導で外に出ようとした。そのとき、椎名らが通常の通用口から出てくるものと待機していた群衆が、あわてて雪崩を打つように突進してきた。

「椎名、帰れ！」

警察が必死に人垣を押さえるが警戒ロープがはずれ、人垣が椎名たちの車に向かって石や生卵、饅頭などを投げつけた。「椎名、帰れ！」と書かれたプラカードや手にしたバットで車の屋根や窓を叩いたり、拳で叩く者、足で蹴りつける者、唾を吐く者たちであたりは大混乱となった。警察に守られながら、椎名一向は車を取り囲む群衆の中を少しずつかき分けるように、何とか空港を抜け出すと宿舎である円山大飯店に向かった。

予想以上の厳しい台湾側の対応に、椎名は憮然としたまま窓の外を見ていた。道路にはおよそ三メートルごとに警察官が立って警備にあたっていた。その後ろには、大勢の群衆が厚い人垣をつくり舗道を埋め尽くしていた。

市内に入っても、反対する群衆が道の両脇に立って拳を上げて怒鳴っている。買物カゴを手にした主婦たちが、カゴから卵を取り出して彼らの車に向かって投げつけている。青年たちも、パンや饅頭等々、手にしているものを次々と投げつけた。

その光景を、椎名は心中言葉にならない苦々しい気持ちで見るしかなかった。

「田中の奴め、俺をこんな目に合わせやがって。これまでの人生で、こんな屈辱は初めてだ」

椎名一行は、この日から帰国するまで公務以外はほとんどホテルを出ることがなかった。それは「身の安全は保証できない」という警備当局の意見に従ったままでだが、台湾政府要人との宴会が皆無というあたりにも台湾側の意思が伝わってくる。

翌日から、公式スケジュールを予定通りこなした椎名一行だったが、どの会談でも厳しい言葉を浴びせられ、椎名としてもただただ低姿勢を貫き、沈痛な面もちで臨むしかない重苦しい会議の連続となった。

九月一九日の午前中、椎名一行は行政院に蔣経国行政院長を訪ねた。蔣経国、沈昌煥外交部長、張宝樹国民党秘書長らが正門の前の石段のところに立って一行を出迎えたが、それぞれの表情は厳しさに満ちていた。

蔣経国は椎名を一瞥すると、口を開いた。

「飛行場では群衆がひどく失礼なことをしました。大変申し訳なく思います。しかし、どうかわかっていただきたい。我々は大がかりな警備を用意したのですが、日本政府が信義を踏みにじった行為に対する国民の怒りの気持ちは、我々にはどうしようもないのです」

「それはわかりますが……」

と、椎名が言葉を濁すと、蔣経国が続けて言った。

「最近、我が政府では日本政府が中共政権と国交の交渉に入るという経緯に大きな関心を持っています。ある筋の表明では、日本の行為は我が国と断交の兆しを見せていると聞きましたが……」

「……」

会う早々、厳しい指摘に言葉をなくしたままの椎名に、

「大平外相が外国記者との会見の際に発表した談話では、中共政権との国交成立以後は、我が国との外交関係を継続させることは想像に難いと言っていた。このことを椎名先生に説明していただきたい」

たたみかけるように、問いつめる蔣経国に、椎名は苦渋に満ちた表情で頭を振ると、

「大平外相の外国記者への談話は聞いていません。確か、彼がどこかの場で『日華関係は論理上、存在しない』と言っていました。しかし、大平君は我々自民党内の人間です。大陸に対する交渉は、自民党の決議によって進められるものです。貴国との関係に対して、我々の党は、外交関係の一切の関わりを包括していくつもりです。これは党の交渉方針の一つなのです」

それだけ苦し紛れにいうと、ほっと息をついた。

だが、蔣経国は依然として厳粛な面持ちのまま言い返した。

「そのように言われても、我々としては依然日本政府に対して、我が国との外交関係を保持する誠意があるかどうか懐疑的にならざるを得ません。そこで私は中華民国を代表して、厳正に申し上げます」

「……」

黙ったままの椎名に、蔣経国は言葉を続けた。

「『日華平和条約』がいったん破棄されたら、これによって起こる一切の結果は、すべて日本側に責任をとっていただく」

「……」

驚きの目を向ける椎名を無視するように、

「我々はさまざまな困難に遇うかもしれませんが、このまま自らの道を進んで行きます」

大袈裟にいう蔣経国を見て、苦笑すると椎名は答えた。

「蔣院長には先程の私の説明を信じていただきたい」

蔣経国はその言葉尻を捉えると、強い口調で問い返した。

「それでは、椎名先生のおっしゃったことは日本政府を代表する言葉として受け止めてよろしいのですか？」

うなずく椎名。

蔣経国は、やがて会談の最後に椎名の意向を確認することなく言った。

「それでは、さっそく今の椎名先生の談話を記者発表することにしましょう」

椎名との会談の後、蔣経国は会談に同席した張宝樹を蔣介石のもとに送った。

蔣介石の入っている台北の栄民総医院の特殊病棟は、緑の樹々が鬱蒼と茂る中にある二階建ての西洋式建物で、門の前には二名の保衛兵が立っている。そこで車を降りた張宝樹は、敬礼をする保衛兵に軽く会釈をすると軽快に石段を上がっていった。

一人の常駐兵が、彼の来るのを待っていた。

「張秘書長！」

「蒋総統のおかげんはどうかな？」

「大変弱っています。医者に誰が来ても面会はならないと言われました」

張宝樹は困った様子で、説明した。

「緊急公務なのだ。日本の椎名が来ている。彼は総統への面会を希望している。同時に、田中首相直筆の手紙も持っている。何とか、総統にお会いしたいのだが」

曇った表情のまま、隊長は少し考えると、

「いいでしょう。ロビーで少しの間お待ちください。総統に報告してきます」

と、うなずく張宝樹を残してその場を去っていった。

病室では、ベッドの上で半身を起こした蒋介石が大声で怒鳴っていた。

「会わん！　私はやつらが気に食わん！」

蒋介石の激しく起伏する胸を見ながら、隊長が言った。

「総統、体に障ります。落ち着いてください」

目を閉じて、息を整えると、弱々しく手を振りかざす蒋介石を見て隊長は静かに出ていった。

深夜、静まり返った中南海の周恩来邸……。その夜は、珍しく周恩来の書斎の明かりが消えていた。

孫平化が電文を握り締め急いで入ってくると、秘書の銭嘉東が驚いてたずねた。

「どうしました？」

孫平化は手にした電文を振りかざし、

「たった今受け取った新華社の国際電文だ。椎名が台湾で『日中国交回復の交渉は日台との従来の一切の関係を保持した上で進め、そこには基本方針としての外交関係も含む』と発表した」

あわてた様子の孫平化を前に、銭嘉東は腕時計を見た。時計はすでに一時四五分を指していた。

「総理はたった今、睡眠薬を飲んだところで、これから休むところです」

孫平化は、ためらいながらも食い下がった。

「私も総理のお休みを邪魔したくはないのだが、しかし小坂代表団は明日には帰国してしまう。明日になってからの報告では間に合わない」

一瞬、迷った銭嘉東は仕方なく、

「わかった」

といって、周恩来を起こしにいった。

書斎に現れた周恩来は、素早く電文を読むと口を開いた。

「これは原則の問題だ。一刻たりとも引き延ばしてはならん。さもなくば、我々は過ちを犯してしまうことになる」

「はい！」

「孫君、君は北京飯店に行き、小坂先生に知らせてくれ。私が緊急の用事があるので大至急お会いしたいと。それから銭君は廖さんに電話をして、即刻人民大会堂の福建の間に来るように伝えてくれ」

そういうと、周恩来は濃いお茶を入れさせた。

医者の張佐良が扉の外に立って、困ったような様子で周恩来を見ていた。

そのころ、北京飯店では小坂善太郎が親台派といわれる議員二人と話をしていた。

小坂が部屋の窓から街頭を見ながら、長い溜め息をついた。

「やっとのことで、我々の任務を終えることができた。これで日本に帰れる」

小坂は振り返って、二人の議員に尋ねた。

「君たちはどんな感想を持った？」

一人の議員が、

「周恩来総理はまったく完璧な人物です。アジアの政治家では恐らく彼の右に出る者はいないでしょう。昨日の宴会でのスピーチなどまったく人を感服させる。なるほど、彼に会った日本人は、たとえ訪中前は敵意を持っていたとしても、会った後はみんな態度が変わってしまうというけど、それもよくわかります」

率直な感想を述べると、もう一人の議員が、

「それは君自身のことを言っているんだろう？」

と言って笑った。言われた議員が苦笑するのを見て、小坂が満足そうな顔をした。

「それなら、二人とも帰国後はよろしく頼む。これで今回の訪中は無駄ではなかったというものだ」

そういって、時計に目をやると、

「おっと、もう二時になる。みんなもう休もう」

小坂の言葉に、二人は口々に「おやすみ」と言葉をかけて部屋を出ていった。

このとき、突然電話のベルが鳴り響いた。

それは周恩来からの呼出しの電話であった。

深夜の人民大会堂に呼び出された小坂一行は、不安を覚えながら、孫平化とともに周恩来と廖承志が待つ部屋に入っていった。

いかめしい顔をした周恩来の様子に、小坂一行は一体何が起こったのかまったくわからない。

「みなさんもご存知でしょうが、私が革命戦争中には夜間工作の習慣がありました」

廖承志たちもきわめて厳しい顔つきで座っていた。

小坂一行がますますわからないといった様子で戸惑っていると、周恩来が立ち上がって話し始めた。

「いましがた、貴国の共同通信社からの情報を聞きました。椎名特使が台湾で発表したところによると、中日国交正常化について日本は台湾との外交関係を保持したまま進める、ということです」

「えっ⁉」

驚く小坂に、周恩来は問いかけた。

「これは小坂先生が昨日私におっしゃったことと相反するものです。根本の問題で、こういうことでは困ります。小坂先生に説明していただきたい」

一瞬、絶句した小坂は、すぐに気を取り直して答えた。

「私は、このニュースは報道上のまちがいではないかと思います。あるいは何かほかの原因があるのです。私の知っている限りでは、椎名特使が台湾へ行くに当たって、田中首相は蔣介石に宛てた直筆の手紙を託しているはずです。首相は事前に私に、その内容を説明してくれました。どう考えても、そのようなことはあり得ません。田中首相の手紙は、主に台湾政権に対して日中関係の正常化への理解を要請するというものでした。私が保証します」

小坂の言葉に、やや落ち着きを取もどした周恩来は、重ねて言った。

「そういうことであれば、もちろん了解できます。しかし、こういった報道は日本政府の国交樹立への誠意に対して、不信感を抱かせるものとなるのは免れないでしょう」

「もしかしたら、自民党内の各種の論争が、記者たちにこのような誤解を与えたということも考えられます。このようなことはたびたび起こり得ます。しかし、周総理にはぜひ田中首相と大平外相を信じていただきたく思います」

「私は田中首相と大平外相を信じています。我々の交渉は双方の信頼という基本があってこそ成り立つのです。田中首相と大平外相によくお伝えください」

〔**証言**〕張香山（元外務省顧問）　その時の雰囲気は非常に厳しかった。小坂氏はその場の緊張した雰囲気を感じ、「自分の考えとしてその報道は確かではない」「それは田中氏がもう決心したからだ」と発言した。総理は他の団員にも質問したが、彼らが同じ返事をしたので、総理は「私は安心した」と述べた。（二〇〇三年四月）

九月二一日、日中両国政府は「田中首相は周首相の招きを喜びを持って受入れ、日中国交正常化について交渉し、解決するため、九月二五日から三〇日まで中国を訪問する」と発表した。

田中は日中復交への決意を確かなものにするために、訪中の前日、日中友好のレールを敷いた松村謙三の墓に報告に行った。

東京・護国寺の松村謙三の墓前で、田中は同じ政治家として、その大先輩としての彼の行動と拓いてきた道の大きさに、あらためて深く共感を覚えていた。秘書が花束を墓碑の前に置いて、ロウソクとお線香を立てると、田中は墓に向かって静かに合掌した。

万感胸に迫るものがあったのだろう、田中は目頭を押さえて熱い涙をこらえていた。

その後、田中は小平市の多摩霊園にある高碕達之助の墓を訪れた。田中が来ると知って高碕家の親族が数名、墓前で待ち受けていた。

「総理、ご多忙中わざわざ父のためにご参拝いただき、感謝いたします」

親族を代表して、長男が丁寧に頭を下げた。

「高碕先輩は日中友好の先駆者です。彼らの努力なくしては、私田中角栄、明日の中国行きはあり得ませんでした。天国の高碕先生にぜひともごあいさつしたいとやって参りました」

秘書の差し出す花束を田中はうやうやしく墓前に供えると、静かに両手を合わせて祈りを捧げた。

田中訪中が発表された後、以前にも増して右翼団体の激烈な抗議活動が展開されるようになった。当時、大平の自宅には脅迫状まがいのものが頻繁に投げ込まれるようになり、危険な状態にあった。大平邸付近の路上でも、常に数名の警察官が巡回していた。

訪中前夜、書斎では大平が机に向かって書物を読みながら、秘書の真鍋を待っていた。

二階の聖像前では、大平夫人が夜の祈祷をしていた。

大平に呼ばれた真鍋が、

「何か急用でしょうか？」

と言って、部屋に入って来た。

大平は机の上の木箱の中から大きめの封筒を取り出すと、

「明日はもう中国へ出発だ。これを君に預けていく」

と言って渡した。秘書の真鍋は怪訝な顔をして封筒を受け取った。

見ると、封筒の表には「遺言状　大平正芳」と書いてある。

大平は真鍋の驚いた顔を見ると、柔らかい声で言った。

「君にはすべてを話した。万が一、私が日本に帰って来られなかったとき、必要があれば君が私の代わりに処理してくれ」

うなずいた真鍋は大事そうに封筒を懐に入れると、大平に深く頭を下げた。

国の運命を賭けた大問題に取り組む政治家は、この大事業に生命を賭けていたのである。

一九七二年九月二五日、秋晴れの朝の羽田空港は、数百名の警察官たちによって、水も漏らさぬほどの厳重な警備がなされていた。

滑走路に日本航空と書かれたダグラスDC特別機が停まっていた。

空港ロビーは、数百名の壮行を祝う人たちでにぎわっていた。

その中には竹入義勝、佐々木更三、古井喜実、田川誠一、三木武夫、そして肖向前らの顔もあった。

田中、大平、二階堂ら、訪中団の面々が見送りの人々と握手を交わしていた。

田中は竹入の手を握りしめると、感謝の言葉を口にした。

「協力に心から礼を言う」

大平も竹入の手をしっかりと握り、

「本当にありがとう」

と、感慨深げである。短い言葉では表現できないさまざまな思いが、二人の脳裏を駆けめぐった。

田中は、孫平化とともに日中の橋渡し役となった肖向前にもお礼の言葉を述べた。

田中に続いて、大平が肖向前の手を握り頭を下げ、握った手に力を入れた。

肖向前は二人にうなずきながら、励ますように言った。

「成功することを祈っています」

「それでは行ってきます」

田中訪中の模様は、沖縄返還以来の大国際的イベントとあって、早朝からその一部始終がテレビを通じて伝えられていた。

そのころ、西園寺公一邸の応接間では、部屋からあふれそうなたくさんの人々が詰めかけていた。真ん中に座った西園寺が、落ち着きなく手の中で一本の煙草をもてあそびながら、食い入るようにテレビの画面を見ていた。テレビ画面には田中一行が次々とタラップを上がっていく姿が映し出されていた。田中がときどき振り返り、手を振った。

新華社の東京支局でも、やはり数名のスタッフが息をこらしてテレビ画面を見つめていた。一人の記者が受話器をにぎって、興奮しながらしゃべっている。

「もしもし、本社？　こちら東京支局！　現在、テレビの実況中継を見ています。時刻は日本時間八時三分、東京の天気は晴れ、気温は摂氏二一度。田中一行が機内に入るところです。合わせて四九人、田中、大平、二階堂ら三人が入り口に立っています。今、見送りの人々に手を振っているところです」

画面には、最後に残った田中らの紅潮した顔が映っていた。その表情は自信に満ち、力強く両手を振っていた。特別機の下で手を振る見送りの人々の中には、指でVサインをする者もいた。

いよいよ扉が閉められ空港関係者がタラップを外すと、ゆっくり機体が動き出した。

叫ぶように大きな声で話す記者の報告が続く。

「今、扉が閉められました。タラップが離れます。現在、時刻は八時八分。機体が動き出しました。飛行機が走行しています」

午前八時九分、田中と大平を乗せた日航特別機は、北京へと青い空を突き進んでいった。

田中訪中団を迎える北京の新華社の電信室では、数名のスタッフが忙しく働いていた。その中に混じって、孫平化の姿があった。

「現在、八時一〇分です。機体は上空に入りました」

という電話の声を聞いていたスタッフが、孫平化に伝えた。

「飛行機は八時一〇分、羽田空港を飛び立ちました」

「よし！」

と、力強くうなずくと、孫平化は応えた。

「通話記録をくれ、ただちに総理に報告する」

こうして、日中国交正常化の舞台は、いよいよ日本から中国へ移ったのである。

# 7．新たなる第一歩

田中訪中の九月二五日朝、周恩来は北京飯店の理髪室にいた。いつものように、朱殿華がていねいに調髪しながら一方的にしゃべり続けていた。

「私は、新聞を毎日読んでいます。それほどたくさん字を知っているわけじゃありませんが、私が一番楽しみにしているのが何か、おそらく総理にはわからないでしょう」

周恩来が黙っていると、朱がそのまま続けて話しだした。

「私は、毎日、新聞を手にすると、まず総理の写真が出ているかどうか確かめるんです」

意外な発言に、周恩来はつぶっていた目を開けた。

「私が総理の何を見るか。それは髪です。それは私、朱殿華の技術ですから。総理が外国人と会談するとみんな総理のことを褒める。私も見習って、外国の人たちに自分の腕を褒めてもらいたいのです。外国人に、中国にはまともな床屋もないのかなどと言われては我が国の恥になりますから」

周恩来が微笑みながら、口を挟んだ。

「それでは、私が今日、会見するのはどこの国の客人かわかるかい？」

「それは私が関わることではありません。私は、自分がどういう立場かわかっているつもりです。聞いていけないことは、絶対にお尋ねすることはありません。長いお付き合いです。総理も私のことをよくわかっていらっしゃる。どうせ、次の日には、新聞で全部わかってしまうのですから」

朱が話していると、孫平化と二名のスタッフが入ってきた。

「総理、田中首相は日本時間八時一〇分に羽田空港を発ちました。一一時三〇分に北京到着の予定です。これは東京支局の通話記録です」

「わかった。再度、儀典局に確認を頼む。歓迎儀式、釣魚台、人民大会堂、すべて準備のほうは大丈夫かな？　一切、計画通りにやってくれ。少しのまちがいも許されないのだ」

「はい」

孫平化の横で、朱の調髪する手は止まったままである。

孫平化が報告を終えて急いで出ていくと、周恩来がいたずらっぽい口調で言った。

「朱さん、これで誰に会うかわかってしまったね。日本の総理だ」

「今、皆さんが話しているのを聞いて、急に思い出しました。何日か前にラジオで言っていました。あまり気に留めていませんでしたが、我々は日本人と仲直りをするというようなことを」

「交渉することについて、君はどう考える？」

「言いたいことなら、私にももちろんあります。以前、日本人は我が国を大変ひどい目に遇わせました」

「それは日本国民ではなく、日本軍閥と軍国主義の所作だよ」

周恩来が口を挟むと、言いにくそうに朱が続けた。

「こんなことを総理に言うべきかどうかわかりませんが、あなたは国家の総理です。以前は宰相と言いました。中国にはこんな諺があります。『宰相の腹は、その中で船が漕げる』。私はあなたの度量が、彼らよりも大きいことを知っています」

周恩来が笑うと、朱は黙ってしまった。

「構わん、続けてくれ」

周恩来が促した。

「我々中国人の度量は、みな大きい。しかし、日本人は……いや、日本軍閥はただあの何年間を無駄に禍いを及ぼしたわけではないのでしょう。今回、あの田中という名の首相が来たら、彼らによく言って聞かせて、誤りを謝罪してもらうべきです」

止まらない朱の話に、周恩来が少し焦った様子で、時計を見た。時刻は九時三五分を指していた。

「朱さん、少し急いでくれ」

「はいはい。でも、髭は剃っていかないと」

そういうと、朱は剃刀でもみあげを整えた。そして、前のほうに立って丹念に見ると、

「これでよし。彼ら日本人にも私たちの技術を見せてやってください」

そういって、朱はケープを取りはずして、ていねいに周恩来のくず毛を払い落とした。


秋の紅葉の美しさで知られる北京郊外の香山は、風光明媚な土地として知られる。金代から皇帝が離宮を築き、狩りをしたところである。いまは北京市民の憩いの場所でもあり、多くの別荘が建てられている。

香山の一角にある双清別墅は、毛沢東が一時期を過ごした別荘で、ここで中華人民共和国樹立の準備をしたといわれている。

秋の香山は、色とりどりの色彩に被われ、糸のような細い紅葉がひときわ目を引く。

その日、別荘内の木陰を、毛沢東がゆっくりと歩いていた。秘書が一人、遠くから彼を見守っていた。毛沢東は、自分の周りに落ち葉がカサカサと落ちてくるのを見て、空を仰いだ。

秋の紅葉に誘われたように、湖南省湘潭県出身の毛沢東が湖南なまりの強い抑揚で、歌を読み始めた。

〔漢詩〕

遠く寒山に上れば　石径斜めなり
白雲の生ずる処に人家有り
車を停めて坐（そぞ）ろに愛す　楓林の晩（くれ）
霜葉は二月の花よりも紅なり

杜牧「山行」

〔和訳〕

「遠くまで、ひんやりとした寒さの感じられる秋の山に上れば、たどってきた石の道は思ったよりも急傾斜である。白い雲が降るような山奥にもふと人家が見える。車を停めて、しばし夕暮れのもみじ林をそぞろ歩く。霜が降りて、色づいた紅葉は二月の花よりも紅く美しい」

晩唐期の詩人・杜牧は、陝西省長安の出身。唐代屈指の名族の出である彼は、老杜（杜甫）に対して、小杜と呼ばれた。「山行」は伝承によれば、杜牧が湖州の刺史（地方官）であったときの作とされる。いわゆる湖南、長江下流南側の豊穣な平野の中心に太湖という名の大きな湖がある。その南側に位置するのが、湖州であった。

毛沢東は、そこに故郷を思い出す何かを感じていたのであろうか。

吟じ終え、秘書を手招きする毛沢東に秘書が近づいてきた。

「主席！」

「何か用か？」

「総理からの伝言です。田中首相が本日、昼の一一時三〇分前後に北京に到着します」

「ああ」

と、答えると、問い返した。

「今、何時だ？」

「九時三〇分です」

「よし、まずは彼らに話をさせよう。それで様子を見よう。毎回の会議の報告書はすぐに届けてくれ」

「わかりました」

その日、田中一行を出迎えに行く廖承志は、日本からの急な客人に会うために中日友好協会へと向かっていた。

走る車中で、廖承志は腕時計を見た。九時三五分。空港に行くのは、彼らに会ってからでも間に合う。

「彼らは今、友好協会の客室で待っています。どんなことがあってもあなたにお会いしたいと」

同乗の職員が説明した。

「でも、確か彼らはもともと一〇月に来る予定ではなかったのかな」

廖承志が疑問を挟むと、

「はい。遠藤三郎先生がおっしゃるには、自分たちが急いだのは中日友好の雰囲気を盛り上げるためだそうです」

「なるほど」

と、うなずきながら、廖は今回のメンバーの中には、本来その中心となるべき藤田茂がいなかったことについて、悔しそうに、

「今回のメンバーには藤田先生がいない。私には藤田先生が亡くなったことが、何より残念だ」

というと、昔を思い返すように、遠くを見ながらつぶやいた。

「私は六六年に会ったのが最後だった……」

廖が急ぎ足で中日友好協会の面談室に行くと、「日中友好旧軍人の会」の十数名の会員が人民服を着て一列に並んでいた。

そのうちの一人が藤田の遺影を抱えていた。

「古い友人のみなさん、遠方からよくいらっしゃいました」

そう言って、手を伸ばすと、廖は親しげに彼らを迎えた。

遠藤が廖の手を強く握って、再会のあいさつを交わそうとするのだが、

「廖先生……」

彼がそう言ったまま、言葉に詰まって肩を震わせると、

突然、団員たちがいっせいに立ち上がり、ひとりが廖承志に向かって言った。

「一六年前、我々は周総理、廖先生ら中国の友人たちの暖かいご好意により、第二の命を得ることができました。帰国後、我々はずっと日中友好の運動に力を入れてまいりました。数年前、廖先生たちがそのために誤解を受けられたと聞いております。この度、我々は廖先生にお詫びの意を表明し、慰問するためにまいりました」

その思いは昔を知る廖承志には、痛いほどわかった。彼は遠藤の肩に手を置くと、

「みなさん、どうか座ってください。さあ……」

感動を抑え切れずに、廖承志は語りかけた。

「みなさん、ありがとう。本当にありがとう。数十年前、みなさんが自ら認識していたのか、あるいはしていなかったのか、中日両国人民に大きな災難をもたらすことになった戦争に参加しました。そして今、みなさんは中日友好を推進する活動家になりました。これは、誠に感慨

深いものがあります」

「それは、ひとえに中国の先生方のご教訓の結果です」

団員の言葉に廖が言った。

「残念なことに藤田先生はもういません。でも、私たちは彼が中日友好運動に献身的に尽くしたことをよく知っています」

藤田の遺影を抱えていた遠藤が、藤田が亡くなる前に明かした話を語った。

「藤田は臨終の間際、東京郊外の自宅で人民服に身を包み、日中友好旧軍人の会の仲間と彼の家族が見守る中でこう言いました。『自分の遺骨を撫順の戦犯管理所の近くの山の上に埋めてくれ』と。しかし、私たちには貴国の許可が下りるかどうかわかりません」

落ち着いた造りの藤田邸の和室の様子と、娘の藤田枝子が悲痛な面持ちで声を殺して泣いていた姿が、遠藤の胸を熱くした。

しばらく考えていた廖承志は、

「もちろんできるでしょう」

と、遠藤の顔を見てうなずいた。

横で、協会の職員がしきりに時計に目をやっていた。その様子を気にしながら、廖承志が彼に言った。

「張君、このことは君が責任をもって対処してくれたまえ」

彼はうなづくと、腕の時計を指し、

「廖先生……」

時間が過ぎていくことを心配した遠藤が、気を利かせて暇乞いをした。

「今日は田中首相が貴国を訪問する日です。廖先生はお忙しいでしょう。我々はこれで失礼します」


一九七二年九月二五日、その日の北京は快晴で気温は二五度、空は抜けるように青く澄んだ、まさに〝北京秋天〟。

青空に両国国旗「日の丸」と「五星紅旗」が映える中、一一時三〇分田中首相らを乗せたダグラスDC型特別機が滑走路に滑り込んできた。赤い絨毯が敷かれたタラップが乗降口まで運ばれると、報道陣の動きがにわかに激しくなった。大勢の取材陣が撮影機器、カメラなどを構え、その日の主賓たちが姿を現すのを待っていた。

空港には、すでに出迎えの中国側関係者が一列に並んでいた。

扉が開かれ、田中角栄が乗降口から現れた。空を仰いで一瞬まぶしそうに目を細める田中。それに続き、大平正芳、二階堂進……。

そして、田中がタラップの下で待ちうけていた周恩来に歩み寄って固い握手を交わした。それを周恩来が力を込めて上下に大きく揺さぶった。

それは日本と中国の歴史に新しい一ページが開かれた瞬間である。

その瞬間を東京・銀座のソニービルでは、SONYの文字が浮かぶテレビ売場のホールに並んだ数十台のカラーテレビが、同時に同じ映像を流していた。

売場ホールには、テレビに見入っているたくさんの観衆がいた。彼らはみな一様に、息を凝らして画面に注目していた。

その画面では力強く握られている周と田中の二つの手が上下に五回、六回と大きく振られていた。それは、嬉しさを表現するときの、周恩来特有の癖であった。

この世紀の瞬間を見つめていた観衆たちが、喜びの声をあげた。

「万歳！」

握手する周恩来の眼差しは、暖かく落ち着きがあった。田中の顔は紅潮し、緊張と感激の様子が見られた。

竹入義勝は公明党本部のテレビで、その光景を見つめていた。

竹入の他、二宮文造ら党の幹部がテレビの前に座り、たくさんの職員たちが後方に群がっていた。

北京空港には周恩来の他、葉剣英（共産党中央軍事委員会副主席）、姫鵬飛（外務大臣）、郭

沫若（中日友好協会名誉会長）、廖承志（中日友好協会会長）、韓念龍（外務次官）、張香山（外務省顧問）ら中国首脳が出迎え、次々と田中首相と握手を交わしたが、それを見ると竹入は興奮した声で叫んだ。

「ああ、これで断絶していた日中の歴史がつながれた！」

野党、政治家という存在を越えて、日中国交回復のために何度も訪中し、周恩来に「かならず田中首相を九月に中国に送り込む」と堅い約束をしてきた竹入には感無量であった。

また、東京の石橋湛山邸では、石橋湛山が同じ場面をテレビで見ていた。一八八四年九月二五日、日蓮宗僧侶の長男として東京で生まれた彼は、奇しくもその日が八八歳になる誕生日であった。

親類縁者、記者らが石橋のまわりに集まっていた。かつて、一九五九年九月に訪中し、中国との関係改善への動きをつくり出した。それが、その後の松村謙三らの訪中へとつながっていった。石橋には田中訪中への道は、自分が蒔いたタネだという思いがあったかもしれない。テレビの画面に釘づけになっている石橋の、老眼で霞む両目は涙で溢れていた。

日中国交回復で喜びに沸く中国がある一方で、台湾は苦悩に満ちた怒りをあらわにしていた。国際政治の舞台で、中国の存在が大きなものになっていく反面、台湾は表舞台から一歩二歩と、後退を余儀なくされようとしていた。

東京の駐日台湾大使館では、彭孟輯大使と数名の大使館員が押し黙ったまま、日中国交回復の行方を注視していた。

次から次へと、日中国交回復を告げる新しい場面が映し出されるたびに、彭孟輯の顔が苦渋に満ちた表情に変わっていった。側に控える者たちも、ときどき彭孟輯の顔色をうかがうのだが、口の端を歪めた苦々しい表情の大使に、誰もかける言葉が見つからなかった。

やがて、いたたまれなくなった彭孟輯は、席を立ち部屋を出ていった。

軍楽隊が両国国歌「君が代」と「義勇軍行進曲」を演奏した後、田中首相は周恩来と並んで、人民解放軍の儀仗兵の閲兵に臨んだ。

空港での行事が約二〇分ほどで終わると、田中一行は高級国産車「紅旗」に分乗し中国の迎賓館である「釣魚台国賓館」へと向かった。

北京の長安街を数十台の白バイに先導されて、田中たちを乗せた長大な車の列が通り過ぎていった。空港から宿舎までは、約一〇〇メートルおきに警官が立っていたが、民衆の歓迎風景は見られなかった。

田中らの車の列は、やがて釣魚台の正門を潜り、緑濃い敷地内に入っていった。

宿舎となる一八号楼の玄関前には、彼らを歓迎するように日の丸がはためいていた。

到着後しばらくして、田中一行は、迎賓館に相応しいきらびやかな内装が目立つ食堂で食事をとった。続々と料理が運び込まれると、一人の女性給仕係が田中に向かって軽やかに聞いた。

「お酒は何を召し上がりますか？」

待ってましたとばかりに、田中は上機嫌で言った。

「茅台酒だ。マオタイを持ってきてくれ」

女性給仕係が小さなグラスに茅台酒を注ぐと、田中は杯を上げた。

「おい、大平君、君も少し飲みたまえ。これは本場の茅台酒だ。半年前、岡崎君が私に茅台酒を勧めてくれたことがあった。そのとき、私はこう言った。『私は中国に行って、初めて茅台酒を飲むのだ』と。今日、中国にやって来た。やっと味わえるときがきたのだ」

そう言うと、田中はそれを一気に飲み干した。

しかし、外相として、日中国交回復交渉の当事者として、重い責任を両肩に感じている大平は、田中ほど気楽な立場ではなかった。

「今は飲めません。先のことがまだ見えません」

女性給仕係が、田中の空いた杯に酒を注いだ。

杯を上げる田中。少し味わい、また飲み干した。

その様を見て、笑いながら頭を振る大平たち。

二階堂が心配そうに田中を見て、

「首相、一時間後には会談が待っているのですよ」

とたしなめるように言った。

田中は声をあげて笑いながら、

「構わん。聞くところによると茅台酒を飲むと気合いが入るそうだ」


九月二五日二時五五分、いよいよ日中両国首脳による第一回の会談が人民大会堂安徽《アンキ》の間で行われた。中国側出席者は周恩来、姫鵬飛外務大臣、廖承志中日友好協会会長（外務省顧問として交渉に参加）、韓念龍外務次官。

まず、記念撮影をすると、接見庁で本会談前の会見が行われた。広々としたホールに日中両首脳を中心に馬蹄形に並べたソファに座ると、周恩来が正面の壁にかかっている大型の油絵「井岡山」の説明をした。

一九二七年当時、蔣介石の国民党の統治と対決することになった共産党は、八月一日、一時的に革命政権を打ち立てたのだが、解放のための蜂起は国民党の反撃にあって失敗した。しかし、秋収蜂起で破れた毛沢東らの勢力は残存部隊を率いて、湖南、江西の境にある羅霄山脈に入って部隊を再編成し、さらに井岡山で農民の武装割拠闘争を組織した。南昌蜂起で生き残った朱徳の部隊も井岡山に入り、毛沢東の部隊と合流、後に労農紅軍を編成し、国民党を打倒するための拠点となった革命の聖地である。

薄いグレーの人民服を着た周恩来は風格があり、世界一の外交官といわれていただけあって、洗練されてスマートな雰囲気であった。

田中角栄は酒の勢いもあって満面紅潮し、気持ちが高ぶっているのがよくわかった。バタバタとせわしなく動かす扇子が、彼の特徴である。

周恩来は遠来の客に労りの言葉をかけ、茅台酒を飲んだという田中に合わせてしばし酒談義をするなど、初顔合わせは初対面とはおもえぬ、極めて打ち解けたなごやかな雰囲気のうちに終わった。

次いで、場所を安徽の間に移して、関係者による本会談に入った。

「私は中国政府と中国人民を代表し、田中首相をはじめとする代表団の中国訪問を歓迎いたします。田中首相が、その職につかれてからわずか二か月あまり、首相閣下は外交のペースがかくも早い。日本の歴史から見ても、なかなか例がありません。私は首相閣下が九月二一日の記者会見で、訪中の日時を宣言されたときの談話は素晴らしいと思います。会談は必ず成功させねばならないし、また必ず成功するだろうと宣告されました。我々はこれと同じ気持ちで、首相閣下の来訪を熱烈に歓迎いたします」

周恩来総理のスピーチが終わると、田中首相が口火を切った。「日中国交正常化の機が熟しました。今回の訪中をぜひ成功させ、国交正常化を実現したい」

会談は順調なすべり出しの中で進行していった。

九月二五日午後六時三〇分からは、周恩来総理主催による歓迎宴会が田中首相及び関係者を招いて行われた。

広間正面に両国国旗が飾られ、床には深紅の絨毯が敷き詰められている。天井には大型のシャンデリアが眩しいばかりの光を放っていた。田中らが会場に入ると、人民解放軍の軍楽隊が「さくら」をはじめ田中らの故郷の民謡「佐渡おけさ」「金比羅船々」「鹿児島おはら節」を演奏する。

盛り上がった雰囲気の中、日中両国の政府首脳とその関係者、各界の名士、六〇〇人以上の人々がところ狭しと集まっていた。

まず周恩来がスピーチに立った。

「日中両国には二〇〇〇年あまりの交流の歴史がありました。しかし、不幸なことに一八九四年から第二次世界大戦終結まで、半世紀にわたって日本軍国主義者の侵略による多大な災難を中国人民は受けました。前のことを忘れることなく、後の戒めとするといいますが、我々は毛主席の教えに従って、ずっと日本の国民と軍国主義者を区別してきました……」

表向き平静を保ちながら、言葉に力を込めながら壇上から語りかけた。

周恩来のあいさつが終わると、熱烈な拍手の中、血色のいい田中が壇上に上がった。

軍楽隊が日本の楽曲「さくら」を演奏し始めた。

「私と大平外相、並びに代表団の一行は、この度、周恩来総理のお招きにより北京を訪問できたことを非常にうれしく思っております。我々両国には、二〇〇〇年以上にもわたる交流の歴史があり、一衣帯水の隣人です。しかし、一八九四年より第二次世界大戦終結まで日本は中国の人民に対し、多大なるご迷惑をおかけいたしました。これに対し、私はあらためて深い反省の念を表するものであります」

それまで各区切りごとに拍手を送っていた中国側が、田中の「ご迷惑」という言葉に、一瞬にして凍りついた。日本側通訳は、この言葉を「給中国国民添了麻煩」と訳した。これが謝罪の言葉とすれば、実に軽い表現だった。眉をしかめる周恩来、そして廖承志ら、それを感じとる大平正芳……。

なごやかにして、活気にあふれた雰囲気がにわかにしぼんでいった。

その宴会の様子を、竹入は自宅のリビングルームのテレビで家族と一緒に見ていた。画面には、田中首相があいさつする姿が映っていた。

田中が「ご迷惑」といったとき、竹入は「あっ」と、驚きの声を上げた。

「まずい。角さんのこの表現では侵略戦争に対しての認識が不足していると受け止められる。これでは中国人の反感を買うことになるぞ。お詫びするのに、ご迷惑をかけましたという表現はあまりにも誠意がない。この発言で交渉が膠着状態に陥らなければいいが……。最悪の場合、すべてが水の泡になってしまう」

「何とかして、田中首相に知らせましょうか？」

秘書がいうと、竹入は手を振り、

「いや、もう後の祭りだ。大平君が角さんに気づかせてくれるのを、ひたすら願うばかりだ」

「それにしても、一般の日本人の感覚では田中首相の表現のどこが問題なのかは、よくわからないと思います」

「それはそうかもしれないが、『ご迷惑』という表現は、中国では『添了麻煩（ティエンラマーファン）』といって『ちょっと失礼』とか『うっかりしてました』という非常に軽い言葉だから、注意しなければいけないんだ」

「外務省の人間は、当然それを知っているということですか？」

「……」

竹入は無言でうなずいた。

そこには外務省のある勢力の考え方が色濃く反映していた。その意味では、田中の不適切な発言は、その後、予想される最悪の事態の始まりでしかなかった。

竹入は深いため息をつくと、秘書に向かって言った。

「駄目だ。交渉が決裂する。こんな謝り方では、中国人は絶対に納得しない。中国の格言に『一言で天下が興廃する』とあるが、まさに、この一言が歴史の進展を遅らせることにならないとも限らない」

秘書が竹入の不安を打ち消すように言った。

「周恩来総理は、人情のわかる人物と聞いています。彼は首相が大きな障害を乗り越えて交渉にやってきたことをよくご存知です。田中首相を追い詰めるようなことはないと思います」

「しかし、周総理は原則の問題では譲った試しがない。侵略戦争の認識は、中国人にとっては一番大事な部分だ。今は明日の外務大臣レベルの交渉を見るしかないか」

田中の発言に危機感を抱いたのは、東京の古井邸にいる古井と田川にしても同じだった。

テレビの画面を見ながら、古井は慨嘆して、田川に同意を求めるように言った。

「困ったものだ。周総理はアジアでもっとも優れた政治家だ。日本政府は国交問題ではまったく駄目だ。この期に及んで、角さんがあのように不注意だとは。まったく人を心配させる」

同感だというように、田川も、

「もしも、角さんがこれを訂正しなければ、周総理は必ず抗弁するだろう。中国側にしてみれば、これは原則の問題だからな」

と、心配そうな顔をした。


日中外相会談は、九月二六日午前一〇時二〇分、人民大会堂・会議室で行われた。日本側は大平正芳をはじめ吉田健三アジア局長、高島益郎条約局長、橋本恕中国課長など。中国側は姫鵬飛外務大臣をはじめ韓念龍外務次官、張香山外務省顧問、陸維釗アジア司長など日中両国の関係者が長テーブルの両側に分かれて着席した。

最初に条約局長の高島益郎が条約理論について、胸を張って話をしはじめた。誰もが集中して、その一字一句に耳を傾けていた。

「国際条約理論の原則に基づけば、中華民国はこれ以前に、すでに一つの独立した政治実体となっています。自らの法律、政府、警察と軍隊を有しています。ずっと一つの独立した政体として存在してきました。並びに、世界中の多くの国と国交関係があります。これは、たくさんの国家がすでに台湾政府を独立した国家として承認しているということになりますが、ここでは私は決して貴国の歴史から台湾を分割させようとするものではありません。つまり、以上のことから貴国の提出された国交回復三原則の、国際条約上における欠陥性を申し述べる次第です。まず『日華平和条約』の調印が有効であるべきだということ、条約理論上で考えると、調印時、台湾政府はすでに国際社会の承認を得ている独立国家であったということです」

眉頭をキュッと引き締める姫鵬飛、痩せた韓念龍が黒眼鏡の奥で容赦なく高島を睨みつけていた。張香山はペンを走らせ記録することに専念していた。陸維釗と王暁雲は互いに目を見合せ、軽く頭を振った。

中国側関係者の様子に気づかない高島は、なおも滔々と話を続けた。

「国際法においては『日華平和条約』は完全に成立するものであります。貴国が発表した共同声明の第一項目に記されている〝両国間の戦争状態〟という条項は成立しないように思います。『日華条約』には、すでに同様の〝戦争状態の終了〟という言葉が明確に記されています。『日華平和条約』から発生する二つ目の問題は、戦争賠償の要求権の放棄ということです。もしも、共同声明の中で新たにこの問題を提起するのであれば、重複ということになります。これは第一条と同一の性質を持つ問題に属します。つまり、貴国政権が主張する『日華条約』が非合法であり、無効であり、排除するべきであるという点には、我が国としては同意しかねます。なぜならば、この条約は正式な手続きを経て締結されたものであり、日本政府は自らが結んだ条約を否定するわけにはいかないのです。従って、共同声明の条文にある〝日本政府が日中国交回復三原則を理解し尊重する〃というのは不適当であります」

外相会談後、人民大会堂の一室では、姫鵬飛、韓念龍、張香山らが周恩来に会談の状況を報告していた。会議の場では中国側からの反論はなかったが、ここでは高島の発言が当然、非難の対象となった。

高島の発言内容を聞くと、周恩来の怒りが爆発した。

「まったくの詭弁だ！　高島がまさか条約理論を持ち出すとは」

「双方、それぞれの観点を話す予定だったので、あえて反駁はしませんでしたが……」

と、姫鵬飛も不満を述べるが、これに間髪を入れず周恩来は、

「抗弁が必要だ」

というと、ゆっくり歩きながら張香山のところにいった。

「香山さん、会談の報告書をすぐにつくってくれ。ただちに主席に渡す。同時に、こちらの声明草案も用意してくれ。些少なことなら話し合いの余地があるが、大きな問題となると譲るわけにはいかない」

席にもどった周恩来が厳しい言葉で指示を出していると、孫平化と銭嘉東が数枚の文書を抱えて入ってきた。

「総理、このいくつかの文書は政治局が送ってきたものです。承認を待っています」

銭嘉東が文書を周恩来の前に置くと、孫平化が説明を加えた。

「日本での世論は、会談支持が絶対優勢です。大体七割の日本人は、テレビを通じて昨日の田中訪中の実況中継を見ています。日本のマスコミは日本側の駐中国大使に小川平四郎、岡崎嘉平太、松本俊一の三人のうち一人が就任することを明らかにしました。また、台湾のほうではこの数日間、これといった動きはありません。ソ連は交渉の過程を注意深く見守っています。また、アメリカの反応も特に厳しいものではありません」

孫平化の報告を聞いて、やや落ち着きを取りもどした周恩来が告げた。

「みんな、三〇分ほど休もう。午後二時から第二回の総理レベルの交渉に入る」

そのころ、田中は釣魚台の一八号楼付近を散歩していた。緑の木陰を気持ち良さそうに歩く田中を、大勢の日本人記者たちが取り囲んでいた。

歩きながら、数名の記者がタイミングを見計らって質問した。

「首相、午前中の外相会談に関して、どう思われますか？」

田中は槐（えんじゅ）の木の下に立つと、上を仰いで枝先の茂っている葉の様子を見ながら答えた。

「私は問題はないと思っている。何より、大平君がいてくれるので安心している。もし、話し合いがうまくいかなければ、私はしばらく中国に残る。ここは静かで空気もいい。東京では、こういうところはなかなか見つからん」

「昨日、周総理に会われて、どんな印象をお持ちになりましたか?」

田中は中国人記者に聞かれたとき、紙に「体はやなぎのようだが、心は巌のようだ」といった言葉を書いたことを紹介しながら、

「周総理は革命戦争で鍛えられてこられた人だ。素晴らしいと同時に手強い相手だよ」

と語った。

「周総理のことを読んだ詩をおつくりになったと聞いていますが」

田中が答えようとしたとき、秘書が急ぎ足で近づいてきた。

「首相、大平外相がお帰りになりました。すぐに来てください」

その後、秘書は記者たちに向かって大きな声で言った。

「みなさんすみません。失礼します」

田中が急いでスイートルームにもどると、そこには憂鬱な表情の大平が待っていた。

大平は田中の顔を見ると、不安を隠しきれず訴えるように言った。

「何と、高島君は第一案の意見を、すべてをぶちまけてしまいました。中国側はほとんど何も言ってきていません。しかし、状況は非常にまずい。それは中国側関係者の顔色に十分現れて

いました。これでは、我々が古井君に託した草案とは、大きく食い違ってしまいます。一体どうしたら……」

心配する大平に向かって、何ごともなかったかのように田中は言った。

「大平君、安心したまえ。私がついている。うまくいかなかったら、滞在を延ばそう。それでも駄目なら、帰国後一切の責任は私がとる」

「そう言われても……。もしも交渉が失敗に終わったら、どんな顔をして日本に帰れるんですか?」

と、大平は事の重大さを理解していない田中に、半ば呆れたように言った。

だが、常に前向きな田中は希望を捨てていなかった。

「とにかく、まだ事態ははっきりしていない。大平君、取り越し苦労はやめよう。午後にはすべてが片づくかもしれん」


その日の午後二時から第二回目の首脳会談が、釣魚台・一八号楼の会議室で開かれた。

周恩来、姫鵬飛、廖承志ら中国側関係者と、田中、大平、二階堂ら日本側関係者たちが長いテーブルの両側に座っていた。

前日とは打って変わって、厳粛な雰囲気の中で始まった会議は、冒頭から緊張に包まれた。

周恩来が威厳に満ちた表情を浮かべ、よく通る力強い声で口を開いた。

「午前中の会談の状況を聞きました。大変、驚いています。高島局長は国交正常化の交渉を壊すためにやってきたわけではないと思う。高島局長の話は、決して田中首相と大平外相の真意を代弁しているとは思えないのです。もし、それが本当なら、あなた方は喧嘩をしに来たのか、それとも国交を回復させるために来たのかわからなくなる……」

「もし、高島氏の話が日本政府の意見であるとしたら？」

「私は早くから言っています。中日国交正常化は政治の問題で、法律の問題ではない。法律の条文などを持ち出して詭弁で進めることはできないと。田中首相も政治レベルで問題を解決していこうとおっしゃっていましたね」

田中がしばらく考え、口を開こうとすると周恩来が重ねて言った。

「日本国内にはある傾向があります。かつての日本軍国主義が中国に対して行ってきた侵略の事実を、できる限り薄めようとすることです。昨夜の宴会でのスピーチで、田中首相は日本軍国主義の侵略行為を、単に中国人民に〝迷惑をかけた〟という表現しか使われていませんが、この表現は中国人には通じないばかりか、強烈な反感を呼び起こします。我々は受け入れるわけにはいきません。こういう謝罪の仕方は、例えば水を撒いていて、若い女性のスカートに水をかけてしまったときに使う謝り方です」

田中は、苦しそうに反論した。

「それはきっと表現上の問題でしょう。私は誠心誠意中国人民に向かってお詫びしたつもりです。『ご迷惑をおかけしました』という言い方は、日本語では意味が非常に深いのです」

田中の説明に一応うなずきながら、周恩来が続けた。

「日華条約について明確にしたい。今日の午前中の高島局長の発言からすると、我々の多くの問題は、日華条約が原因だということですね。しかし、私は以前に日華条約の非合法性、無効性について触れ、撤廃する必要性を述べました。これは我々の一貫した立場です。蔣介石政権は、早くに中国人民により覆されたものです。従って、これは決して中国人民を代表することはできません。これは蔣介石の問題であり、蔣が賠償を放棄したから中国がこれを放棄する必要がないという外務省の考え方を聞いて驚きました。日中両国間の戦争状態は依然として終結してはいないのです」

周恩来の怒髪天を突かんばかりの怒り方に、大平の顔が一瞬蒼くなった。そして、

「それでは、戦争状態終結という項を、別の言葉で表現することはできますか?」

大平の率直な問いに、周恩来は言葉を選びながら語った。

「第二次世界大戦終結以来、中日両国はいずれも、この問題には関わることはありませんでした。戦争賠償問題に関して、高島局長は、共同声明の中で我々が自ら戦争賠償要求放棄すると

いう宣言にさえも賛成していません。理由は蔣介石政府が、すでに日華条約において、戦争の賠償を要求する権利を放棄すると宣言しているからだということです。ずっと以前から、中国人民に捨てられた蔣介石に、どこにそのようなことを言う権利があるのでしょうか。日本軍国主義による侵略は中国人民に巨大な損失と災難をもたらしました。戦争の賠償を要求するか否かは、広大な中国人民の利益を代弁する中華人民共和国政府が決定します。蔣介石がそのような態度をとるのは、人のフンドシで相撲を取るようなものです。蔣介石が放棄したからもういいだろうという考え方は我々には受け入れられない。これは我々に対する侮辱である。田中、大平両首脳の考え方を尊重する日本外務省の発言は、両首脳の考えに背くものではないか。我々が戦争賠償の要求を放棄するということは、中日両国人民の友好関係から生まれたものなのです。日本国民のみなさんの負担が増えないように、放棄しようとしているのです。日本国民には現在では軍閥は存在しません。もしも、まだ存在するのならば、我々はこの請求権を放棄するわけにはいきません」

周の言い分は明確だった。人民を代表してもいない国民党政権が日本と締結した条約が有効であるはずがない、ということである。

周恩来が一息つくと、周恩来の言葉を補足するように姫鵬飛が続けた。

「高島局長は一般的な国際的もめごとの際に、わずかに適用される程度の条約理論を持ち出して、中日国交回復という、これほど大きな政治問題を処理しようとなさっている。これは明らかに不適当です。これでは、我々は中日国交正常化問題の出発点において、すでに大きな食い違いがあるということになります。中華人民共和国は一九四九年一〇月の成立当日から、国際社会の承認を受けています。しかも、中国だけが絶対多数の中国人民の利益を代弁できるのです。これはもっとも基本的な事実なのです。一部の西側の国は、常に中国を国際社会の大枠の外に置きたがりますが、中国封じ込めは完全に政治的な陰謀です。当時の日本もこれに追随する態度を取っていました。去年の一〇月二六日、中国は国際連合において合法的な地位を復活させました。蔣介石政府は国連から追い出されたのです。これは国際社会が過去の誤りを承認したというべきでしょう。高島局長の言い方は完全に、すでに証明されている誤った歴史にもとづくものであります」

廖承志が念を押すように穏やかな口調で、しかし厳しく指摘した。

「どうかみなさん、忘れないでいただきたい。日台条約の締結は一九五二年です。即ち、中華人民共和国が成立してから三年後になります。この条約の調印は、日本政府が中日両国の間に存在する事実を正視したくないという気持ちの結果です。このようなことから起きる悪い結果は、当然日本政府が責任を負わなければならないのです。従って日台条約からなるゴタゴタは日本側の問題です。中国側の問題ではないのです」

廖承志が言い終わると、会場全体にしばしの沈黙が流れた。

確かに「日台問題は日本問題である」とは、しばしば政界やジャーナリズムで言われてきた。まさに、そのことが露呈される結果になった。

ここに、日中双方は国交正常化交渉における最大の山場に直面したのである。

**［証言］** 張香山（元外務省顧問）　日本の一部では周総理が高島氏を「法匪」と批難したと言われているが、それはまったくのでたらめでそのような事実はない。周総理は絶対にそんな言葉を使う人ではない。（一九八七年八月）

**［証言］** 丁民（元外務省日本課副課長）　周総理は常々、外交は相手の立場を考えないといけないと言っていた。日中航空協定の交渉について協議した時、私が返事をひきのばし日本側に不利になる方策を説明したところ、「それではいけない。もっと日本側の立場を考えないといけない」と叱られたことがある。これは、今でも私たちの外交哲学となっている。（二〇一二年四月）

会談後の午後四時、食堂に集まった田中一行は遅い昼食をとっていた。

しかし、全員が第二回首脳会談のショックを引きずっていた。大平は憂鬱そうな表情を変えず、料理にはまったく手をつけず、ただ茫然としていた。

会談にのぞむ前、交渉妥結はほぼ間違いないとの楽観論さえ広がっていただけに、確かに中国側の厳しい反応は、彼らに大きな衝撃であった。

そんな中で、田中一人だけが茅台酒を口にしながら、豪快にいつもと変わらぬ様子で食事をしていた。

湿った雰囲気のテーブルを見渡して、田中が言った。

「なんだ、お通夜みたいだな。どうした？　おい食おうや」

しかし、みんなは依然として沈んだ表情のままである。大平は残された問題が頭を離れない。周があそこまで憤激するのは全く予想外だったのである。そんな雰囲気にいたたまれず、高島は突然立ち上がると、みんなに頭を下げ発言した。

「申し訳ありません。すべて私のせいです」

その様子を見た田中は、高島をなだめるように声をかけた。

「高島君、ご苦労だった。いや、気にするな。さあ、一杯飲もう」

だが、バツが悪そうに表情を変えない高島は、

「もともと交渉においては、我々には切り札が何もない。ただ、条約理論しか持ち札がないと私は思っていました。条約理論をチラつかせることで、少しでも会談を有利に運べたらと思ったのですが、それがまさか、こんなことになるとは浅はかでした。本当に申し訳ありませんで

した」

「君のせいではない。座りなさい」

といって、田中は次々と運ばれてくる料理をつまんだ。

「うん、これはうまい。君たち、さあ食べようや」

だが、なおも皆シュンとしたまま、ほとんど箸が進まない。

そんな様子に、田中はたまりかねたというように問いかけた。

「大体、君ら大学出はこういう修羅場、土壇場になるとダメだなあ。大学出の諸君、どこにこんなことでしょげた顔をする必要があるのかね？」

テーブルから顔を上げた大平は、少しムッとした表情で田中を見ると重い口を開いた。

「修羅場なんていうが、では、明日からどうしたら良いのか、説明してください」と珍しく感情をむき出しにした大平に対し、言葉に詰まった田中は、にやっと笑って、

「君らは大学出てるだろう。大学出たヤツが考えるんだ。君たち大学出の宿題だ」

と言ったので、みんなにドッと笑いが起きた。

大平は、気を取り直して田中に語りかけた。

「君は越後の田舎から出てきたとき、総理になれると思ったかい？」

「冗談じゃない。食えんから出てきたんだ。お前だってそうだろう」

「おれもそうさ。讃岐の水呑み百姓の倅じゃ食えんからのう」

「それなら当たって砕けても、もともとじゃないか。できなきゃ、できないでいいさ。このまま帰るさ。責任はおれがとる」

田中から〝宿題〟を任された大平や外務省スタッフは、この日の夜、座礁寸前の交渉をどう打開するか、深夜まで日本案の検討を続けた。そして、外務省の罫線入り便箋に要点を箇条書きにしたメモを作成した。


**「証言」**丁民（元外務省日本課副課長）　周総理は私たち事務方に対し、「高島はなかなか骨のある人物だ。立場は違うが、あのような外交官は日本外務省にとって貴重な存在だ」と高島氏を賞賛した。（二〇〇三年三月）

翌九月二七日の朝、両国首脳は北京郊外にある万里の長城の見学にでかけた。本来は公務の間の息抜きと、お互いの親交を深めるためという中国側の配慮があってのことだったが、田中はともかく大平にとっては憂鬱な長城行であった。

万里の長城は、秦の始皇帝が異民族の侵入に備えて築いたものとされているが、もともと戦国時代に趙、燕でつくられたものを、始皇帝が中国を統一した後、それら長城を修復し連結することによって、約六〇〇〇キロにおよぶ長大な万里の長城となったものだ。「月から見える唯一の地球上の建造物」ともいわれる万里の長城は、いまとなっては人間の営為の素晴らしさを伝えるとともに、壮大な無駄のようにも思える。そのいずれであっても、それは中国の想像を絶する懐ろの深さと偉大さを物語っている。

その日、彼らが登った八達嶺は万里の長城の中でももっとも壮麗といわれ、また道が整備され、実際に歩ける場所として知られている。

歩きながら四方に目をやると、緑の中に岩肌が露出した峰々が連綿と続いている。その峰々を縫うように、どこまでも長城がつくられている。よく見ると、風月に晒され、崩れかけた城壁が荒んだ悲壮感を漂わせていた。

前日までとはちがって、その日の天気はめずらしく曇っており、八達嶺付近には肌寒い風さえ吹いていた。天気までが、約二時間もの間、二台目の車に姫鵬飛と同乗した大平の気分を象徴しているようであった。

万里の長城に着くと、遅れがちの大平を振り返りながら、先を行く田中が「大平君は重いからな」と、かなりの急坂を記者たちに囲まれながら、元気に砲火台に向かって登っていった。

そんな田中に苦笑しながら、大平は隣りの姫鵬飛を見た。笑みを返す姫鵬飛に、大平は重い口を開いた。

「誠に申し訳ありませんでした。これほど話し合いが膠着するとは思いもよりませんでした」

「中国側の怒りは、私、大平個人としてはわかる。私は戦前、若き大蔵官僚として張家口にいた。田中は胸を病んで陸軍病院にいた。日本は確かにひどいことをした。どうか私、大平を信じてほしい」

車中でも、ずっと憂鬱そうにしていた大平の真面目さを見てきた姫鵬飛は、安心させるように親しみを込めて言った。

「私は、ただ大平先生と田中先生が誠意をもって友好のために来てくださった……。それだけでも、十分に意義のあることだと思います。きっと手ぶらで帰ることはないでしょう」

その言葉に勇気づけられながら、大平は秘書の手から文書を受け取りながら、

「これは、我々が昨日貴国のご意見を聞いた後に、あらためて整理した声明草案です。どうぞ周総理にお渡しください」

笑顔で文書を受け取りながら、姫鵬飛は断言するように言った。

「安心してください。周総理はただ原則を堅持しているだけです。まだ十分に歩み寄る余地はあります。細かい問題については、あなたや田中先生を困らせることはないでしょう」

少しだけ明るさを取りもどした大平が、ほっとしたように、

「今日の会談ではよろしくお願いします」

というと、姫鵬飛は文書を秘書に渡し、

「すぐに周総理に届けてくれ」

と命じた。

その日、周恩来は人民大会堂・福建の間で、廖承志、韓念龍、張香山、陸維剣、王暁雲などの対日関係者を集めて会議をおこなっていた。

「廖さん、どうだろう。日本側は妥協案を出してくるだろうか？」

しばらく考えた後、廖承志は答えた。

「田中首相の口調は硬かったですが、大平外相は穏健な人物です。私は、彼らはきっといくらか譲歩した形のものを出してくると思います。あるいは、今日午後の会談でケリがつくかもしれません」

「これまでも言ってきているように、中日国交正常化は三原則にもとづいて処理する他はない。それだけははっきりしている。あとの細かい問題は我々も譲っていい。かつて私は、田中首相をそれほど困らせることはしないと約束した」

周恩来の言葉に安心したように、廖承志は言った。

「私も総理の意見に賛成です」

そこに、万里の長城からもどった姫鵬飛の秘書が息を切らせて入ってきた。

「総理、大平外相が日本側の新案を出してきました」

周恩来は、文書を受け取ると、張香山に渡しながら言った。

「香山さん、あなたの日本語は素晴らしい。すぐに翻訳してくれないか。みんなに回覧した後、直ちに主席に見ていただく」

「わかりました。すぐに翻訳します」


九月二七日午後四時一〇分、人民大会堂・福建の間で第三回首脳会談が行われた。

出席者は中国側が周恩来、姫鵬飛、廖承志、韓念龍、日本側が田中、大平、二階堂ら五名という二回目と同じメンバーであった。

会談は万里の長城の感想から始まったが、そこには、前回の会談で田中のご迷惑発言を問題にし、高島条約局長を声を荒げて非難した周恩来の姿はなかった。

中国側の真意がわからずに、日本側メンバーが不安なまま第三回会談に臨んでいたころ、毛沢東は中南海の自宅書斎で届けられた日本側の草案に目を通していた。

王海蓉が傍らに立って、いつものように手伝っていた。

毛沢東が片手を伸ばしてテーブルの上を探っていると、その様子を見た王海蓉が黙って鉛筆を手渡した。

毛沢東は鉛筆で、文書の上に少し歪んだ円形を描いてサインすると、それを王海蓉に渡した。

「終わった」

そういって、毛沢東が煙草を一本つまむと、王海蓉がマッチを擦って火を点けた。

毛沢東は深々と息を吸い込むと、ゆっくりと紫煙を吐きながら満足そうに、

「彼はどうしている？」

と、周恩来の様子を聞いた。

「会談中です」
二五、二六、二七と、指折り数えて、毛沢東はつぶやいた。
「すでに三日になるのか」

「彼らの予定は三〇日までです。国慶節の前には出発するでしょう」

毛沢東は線装の本を手に取ると、

「少し休まなければ……。頭を切り換えよう」

と言って、すぐにその本を読み出した。

その様子を見て、王海蓉が言った。

「私はこの後、この文書を周総理に届けます」

すでに読書に夢中になっている毛沢東に、王海蓉が背を向け出ていこうとすると、毛が思い

出したようにつぶやいた。

「周恩来に伝えてくれ、今夜彼らに会う」

振り返った王海蓉が、無言でうなずいた。


その日、第三回首脳会談を終えた田中と大平、二階堂の三人は釣魚台・一八号楼の田中が泊まっているスイートルームに集まって、中国側の本音と日本側の今後の対応について頭をひねっていた。

三人ともに表情は固く、とまどいを隠せない様子である。

頭を振りながら、大平がいった。

「おかしい。今日の午後、周総理は声明草案のことに一言も触れなかった。午前中に万里の長城に行ったときに、我々の草案は姫外相に渡してあるのだが……」

「私は、今日は必ず喧嘩になると思っていたのだが」

と、二階堂も腑に落ちないといった表情でつぶやいた。

「あるいは、中国側は我々の方案を検討している最中かもしれん。中国の専門家による検討……」

田中が思いついたようにいうと、大平が否定するように言った。

「いや、私が日本側案を中国側に渡したのは朝の九時半です。もう午後四時になります。周恩来の仕事は早いはずです。とっくに審査は終わっていてもいいはずですが……」

「聞くところによると、中共内の左派勢力は強大らしい。彼らが邪魔しているということはあり得ないだろうか？」

二階堂が疑問を口にした。

「それはないだろう。あらゆる状況から判断すると、左派勢力が外交に口を挟むことは不可能だろう。彼らにできるのは、党内の人事に関わることだけだ。毛沢東は外交事務のすべてを周恩来に任せている」

大平の言葉に、田中が強い口調できっぱりと言った。

「そうだ。きっと毛沢東の審査の結果を待っているにちがいない」

それを聞いて、大平と二階堂が二人して声を上げた。

「そうか。そういうことなのか」

そのとき、廊下を走ってきた橋本中国課長が、部屋のドアを叩いた。

「どうぞ」

と、二階堂が迎えに出ると、少し興奮している様子の橋本が立っていた。

「首相、たった今、中国外務省の韓叙儀典長から通知がありました。毛沢東主席が今夜、首相にお会いしたいとのことです。まもなく迎えが来ます」

田中と大平、二階堂の三人は感動を隠せない様子で、

「おお！」

と声を漏らし、お互いに顔を見合わせた。

両方の拳を握りながら、田中が叫ぶように言った。

「よし、交渉がうまくいくか否かは、すべて今夜にかかっている」


九月二七日、北京の夜は闇につつまれていた。

午後八時、うっすらと明かりがともる人気のない中南海。毛沢東の自宅である豊沢園前には、すでに数台の「紅旗」が停まっていた。

田中、大平、二階堂たちが車から降りると、一人の秘書が門の前に立ち、中へと彼らを案内した。

そこには、ゆったりしたグレーの人民服を着た毛沢東が立っていた。そして側には、廖承志と姫鵬飛。これに通訳として林麗蘊と王効賢が加わった。

田中が顔の汗をハンカチで拭きながらやってきた。まず毛と田中が固い握手をし、大平、二階堂たちが順番に握手をした。

その時である。毛が大平と握手を交わした時、毛が「天下太平」と言ったのだ。「太平」の中国語読みを「ターピン」にひっかけたのか。林麗薀がそれを当意即妙に「天下泰平ですね」と訳した。笑い声が起こり、緊張した顔をしていた田中の顔がほころんだ。

毛は、席につくと、開口一番、田中に向かって声をかけた。

「ケンカはもう終わりましたか？　ケンカはしなきゃダメですよ。ケンカすることで仲良くなるものですよ」

思いがけない言葉に、一瞬、沈黙した田中は、すぐに口を開いた。

「いやいや、周総理との話し合いはとてもうまくいっています」

毛沢東は田中の言葉を聞かなかったかのように、話を続けた。

「ケンカは避けられないものですよ。世の中にケンカはつきものです」

そう、毛沢東が微笑みながら言うと、

「実は、少しやりました。しかし問題は解決しました」

と、田中が言葉を挟んだ。

「ケンカをしなければ交流はできないですよ。しかし、あなた方は日本軍国主義の中国侵略について『我々に迷惑をかけた』などという言い方は、妥当性に欠けますね。こういうのは若い女性のスカートに水をひっかけてしまったときに使う言い方です」

矛先が変わった毛沢東の言葉に、田中の顔が紅潮した。隣りで、大平が緊張しながら毛沢東を見つめていた。

困惑した様子で、田中は説明した。

「日本の文字は中国から伝わったものですが、しかし、ときに日本と中国とでは異なる意味で使用される表現がいくつもあります。迷惑も同じです。この言葉は日本語では心から謝罪するときに使う言い方なのです」

毛沢東は通訳の林麗蘊らを指さし、

「彼女たちは文句を言っています」

というと、大平が口を挟んだ。

「その点は中国側の意見に従って改め、解決しました」

その後、話題はマルクス主義からはじまって、中国の昔話、四書五経、中国料理、茅台酒、読書から毛沢東の幼年時代の話にまで及び、終始、会見はなごやかなうちに進行した。

毛沢東の隣りで、予定の時間が過ぎているのを気にかけた周恩来が、腕時計に目をやった。時計は九時三〇分を示していた。

毛沢東は最後に、本棚から六巻からなる青い表紙の線装本『楚辞集注』を取り出すと、

「これをお贈りしましょう」

といって、田中に贈呈した。

『楚辞集注』は中国の戦国時代、楚の国の詩人・屈原の詩を集めた、いわゆる『楚辞』を原典にしている。『楚辞』は混濁腐敗の世で屈原自身が暗澹たる国の前途を思い、そのやるせない胸中の悲憤を作品を通して吐露した叙情的叙事詩である。『楚辞集注』は、これに後世、南宋の哲学者・朱熹が注釈を施したものである。

「頂戴いたします」

両手で大事そうに受け取ると、田中は何度も頭を下げながら別れのあいさつをした。

「どうか末永くお元気で」

「すっかり弱ってしまいまして、関節炎でうまく歩けないのです」

部屋を出る田中と一緒に歩きながら、毛沢東は情けなさそうな声で言った。

田中と大平はすっかり恐縮して、毛沢東が見送ろうとするのを辞退したが、それでも、毛沢東は田中たちを送るため玄関近くまで歩いてきた。※

※　毛沢東外交文選によれば、この時毛沢東はこの間の社会党や公明党の動きを紹介し、「野党では問題を解決できない。中日の国交を回復させるためにはやはり自民党に頼るほかはない」という発言をしている。

田中らは入口のところで、最後のあいさつをすると、中南海・豊沢園を後にした。

［証言］張香山（元外務省顧問）　周総理は通訳の林麗蘊を田中首相に「この人は台湾の生まれです」と紹介した。田中首相がどう理解したかはわからないが、そこには「台湾は中国の一部である」という中国の主張が盛り込まれていた。（二〇〇三年四月）

［証言］王効賢（元日中正常化交渉通訳）　毛主席の言葉は湖南なまりで私たちにはわかりにくいため、私は林麗蘊さんとそれに慣れるため、事前に主席のお部屋でお話を伺ったことがある。その時に、おいしい果物をいただいた思い出がある。（一九九八年九月）

釣魚台・一八号楼では、すでに予定の時間を過ぎた会見の行方を案じた高島、橋本、吉田アジア局長らが、田中たちが帰ってくるのを祈るような気持ちで待っていた。

やがて、二台の車が建物の外で音を立てて停まると、橋本、吉田らが飛び出してきて田中らを取り囲んだ。

彼らの出迎えを受けた田中と大平の顔には、興奮と隠し切れない喜びがあふれていた。

ひとまずスイートルームに落ち着くと、最初に吉田が、

「いかがですか？　会談はうまくいきましたか」

と、一番気になっていたことを聞いた。

「まったく政治問題には触れなかった」

田中の言葉に唖然とする吉田を横目に、橋本が興奮を隠し切れずに言った。

「素晴らしい」

昨日の勢いはまったくなく、ソファでただ黙って聞いていた高島も、ようやくホッとした顔をした。

田中は、そんな彼らを見回すと興奮して叫んだ。

「今回の交渉で最後の関門を越えたのだ。残るは署名と茅台酒を待つばかりだ」

この言葉に、全員が立ち上がって、

「万歳！」

というと、田中が、

「おい大平君、やっと君と乾杯できるぞ」

と興奮気味に言ったが、大平は屈託のない笑顔でうなずきながら、「いえ、私は急いで姫鵬飛外相と声明草案の最終交渉をしなければなりません」

と、やんわりと断った。

大平に断られた田中が、二階堂を見ると、彼は、

「私はすぐに記者団に会見して、このことを報告します」

そう言って、部屋を出ていった。

彼らが去って、部屋に残された田中は、ようやく肩の荷が下りて、「これで本当に美味しい茅台酒を味わえる」とひとり感慨にふけっていた。


田中のスイートルームを退出した大平たちは、中国側関係者たちと一緒に釣魚台・一八号楼の会見室に集まっていた。

姫鵬飛、張香山、陸維釗、王暁雲と、大平、高島、吉田、橋本らが、これまでとはがらりと変わった和やかな雰囲気の中で、共同声明案の最後の詰めを行っていた。

大平が日本側方案を読み上げていく作業が、続いていた。

「前文の後ろから二段目ですが、我々は貴国の提案を尊重します。我々はこのように記しました。『日本国は過去に戦争により中国、中国人民に重大な損害を及ぼした責任を痛感し、これに関して深い反省の意を表するものである』」

姫鵬飛と張香山が素早く書き取ると、周恩来の秘書が入ってきて、記録した原稿を持って、部屋を出ていった。

別の一室では、周恩来と廖承志が、会見室の推移を見守っていた。

秘書が入ってきて、原稿を周恩来に手渡すと、その原稿を周恩来が念入りに読んでは、廖承志と確認の作業を進めていった。

「私はこれでよいと思います。廖さん、もう一度確認してください」

会見室と、別の一室とで同じような作業が繰り返されていくうちに、夜がだんだん深くなっていった。大平らが作業を続ける一八号楼の窓の灯りも次々と消えて、ほんのいくつかの部屋の灯りだけが、いまもこぼれていた。

その一つの部屋では、相変わらず周恩来と廖承志が、秘書が届ける草案を読んでいた。いつの間にか、周恩来の周辺の机の上には、十数ページに増えた原稿が置かれていた。

秘書がまた入ってきて、周恩来に原稿を渡した。

「これが最後です」

審査を続けながら、周恩来はうなずくと顔を上げた。そして、一枚の紙に一行、小さな文字を書いて秘書に渡した。

「これを姫鵬飛に届けてくれ。日本側に、こちらの草案を提示する。外相たちが話し合った後に、香山さんと外務省の諸君たちにより、日本側と声明草案の文字上の手直し、整理を行う。それが終わったら、私に渡してくれ。すぐに主席に届ける」

「わかりました」

そう言って、秘書が出ていくと、周恩来は身を起こして背伸びをした。

「ああ、もう二八日になったか。廖さん、疲れただろう」

周恩来の言葉が耳に入らないのか、廖承志は最後の原稿を見ると、つぶやくように言った。

「どうやらまとまりそうですね」

「これから、ますます仕事が増える。君はもっと大変になるぞ」

周恩来は懸案だった大仕事が一つ終わりを迎えつつあることに、ようやく肩の荷を下ろせると感じていた。

**[証言]** 張香山（元外務省顧問） 共同声明の決定過程において比較的重要な問題については、直ちに周総理に報告し彼の指示を仰いだ。また、共同声明の中で問題となった幾つかの問題は両外相がすでに十分に協議していたため、原稿作成の作業は早く進み、二八日午前三時に原稿が決定した。（二〇〇三年四月）

**[証言]** 丁民（元外務省日本課副課長） 戦争賠償を放棄することは中国の当初からの方針であった。共同声明には「日中友好のためにこれを放棄する」と書いたが、ここに「日本政府はこれに感謝する」と入れるべきだった。この間の日本の対応をみると、中国が「放棄」したことへの理解がみられない。（二〇一二年六月）

# 8．パンダの贈り物

一九七二年九月二八日付けの中国共産党機関紙「人民日報」は、一面トップ全段抜きで「毛主席、田中首相と会見」という新華社電を報じ、毛沢東主席と田中首相が握手している写真と、毛沢東の書斎で歓談している写真を大きく掲載した。

毛沢東との会見が行われたことで、日中国交正常化への道はその大きな山場を越えた。日中共同声明案についても、両国関係者で最後の詰めが行われ、何とか合意のメドがついた。

最後に残された周恩来の仕事は、当時まだ政治局の多数を占めていた文革派の承認を取りつけることであったが、それも当初考えられていたよりも簡単に終わった。それまで異議を唱えていた「四人組」に連なる多くの幹部がいたが、彼らも二八日夕方行われた政治局会議で、毛沢東が共同声明の内容すべてに同意した結果、即座に賛同したからであった。

その日の夜、人民大会堂で開催された田中首相主催の答礼晩餐会を経て、翌九月二九日午前一〇時二〇分には日中共同声明の調印式が人民大会堂・西大庁間で行われた。

その日、会場に一歩に入ると、樹木のようなシャンデリアが光りを放っていて、床に敷かれた真紅の絨毯が目に飛び込んできた。正面の大きな屏風の前には緑色のテーブルクロスで被われた長いテーブルが置かれ、上には日の丸と五星紅旗が飾られている。

その長いテーブルに、日中両国の総理と外務大臣が、それぞれ左右に別れて座った。彼らのうしろには日本側・高島条約局長、吉田アジア局長、橋本中国課長、また中国側は国家指導者にまじって、張香山、孫平化、王暁雲らをはじめ対日関係者たちが立ち並んだ。両首脳はカメラのフラッシュを浴びながらあいさつを交わした後、まず、周恩来が眼鏡をとり出し筆をとった。硯の上でしごいた後、日本文と中国文で書かれた共同声明の正本にゆっくりと署名した。続いて、田中が筆を取ると、一気に自分の名前を書いた。

その後、大平、姫鵬飛がそれぞれ共同声明文を受け取って署名した。署名を終えた周恩来と田中が立ち上がって共同声明の正文を交換した。そして二人は、何度も上下に手を振りながら固い握手を交わした。

調印式が終わると、会場にシャンパンが運び込まれた。周がのけぞるようにこれを飲み干してみせると、田中も負けじと杯をあおった。

その後、大平と二階堂は北京・民族文化宮のプレスセンターで記者会見を行った。広いホールには数百名の内外記者が集まっていた。たくさんのカメラ、テープレコーダーが向けられる中、壇上の大平はいつになく輝くばかりの明るい表情を浮かべ、大きく通る声で発表した。

「日中両国の政府官員が三日間にわたって、率直に話し合った結果、本日午前一〇時二〇分、日中共同声明が調印されました。日中関係の正常化の結果として、必然的に日華平和条約は存在の意義を失い修了したものと認められる、というのが日本政府の見解である」

発表の内容を聞いて、記者団は満場騒然となった。記者が質問を浴びせた。

「それで、大臣は台湾駐在日本大使館をいつ閉めるのですか？」

「台湾と日本の外交関係がもう存在しないとするからには、処理が終わりしだい、すぐに閉館します。恐らく、それほど時間はかからないでしょう」

大平に続いて、二階堂が発表した。

「それからもう一つ、ここでお知らせしたいことがあります。中国政府は日本国民に対する友誼の印として、ジャイアントパンダひとつがいを贈呈することを決定しました」

中国国内向け北京放送は午前一一時三〇分、日中共同声明調印式の模様と共同声明の前文を「臨時ニュース」として放送した。

そのニュースは、すぐに日本にも送られてきた。東京・銀座のソニービルのテレビコーナーでは、多くのテレビが同時に、北京からのニュースを映していた。

日中国交回復がなったと知った数百人の観衆が喜びの声を上げた。そして、二階堂が「中国側からパンダひとつがいが贈られる」というと、さらに大きな歓声が上がった。

その日、日本中が日中国交正常化がなった喜びに沸き立っている中、霞が関の外務省では外務省事務次官の法眼晋作が憂鬱な思いで、台湾の駐日大使・彭孟緝に最後通牒を突きつけていた。

外務省の会見室で、法眼は彭孟緝と二人の大使館員を前に、冷静を保とうと、しばし相手の顔を見つめた。話の内容は想像がつくだけに、彭孟緝の顔色は暗い。

一言も発しない相手を前にして、意を決するように法眼は口を開いた。

「彭先生、今日は、あなたにお知らせしなければならないことがあり、お呼びしました。本日をもって、我々の外交関係を断絶せざるを得なくなりました。誠に残念です」

法眼の事務的な報告を聞いて、彭孟緝はうなずくと黙って出ていった。ドアの外に出た法眼は、重い気持ちで三人の後ろ姿が廊下を曲がり、見えなくなるまで見送った。

彭孟緝の胸のうちにふつふつとたぎっていたのは「なぜ、台湾は中日共同声明に至る前に、何らかの手を打たなかったのか」という無念さと、後悔の思いであった。

「椎名訪台前、張宝樹秘書長と語っていた〝強行作戦〟を、なぜ台湾はとることができなかったのか。もし、我々が台湾海峡を通る日本の輸送船を一回でも二回でも拿捕すれば、田中首相は北京へは行けなかった。そのような強行措置はあの時可能だったし、政府部内でも国会でも検討されていた……」

しかし、自民党総務会の決定と、それを踏まえた椎名の台湾での発言が、結局、台湾に強硬手段をとる機会を失わせた。そしてまた、田中が誕生後わずか二か月余りの早さで訪中を決め、日中国交正常化を実現するとは思ってもみなかったという誤算もあった。

法眼の報告を聞き、日中共同声明の調印がなされることを知った駐日台湾大使館では、何人かの大使館員が見守る中、青天白日旗がゆっくりと降ろされた。

数日来、植木の剪定を続けていた庭師が蝋梅《ロウバイ》の木の下で、納得がいかない様子でこれを見つめていた。

同じころ、台湾では、日本大使館前に集まった多くの台北市民と数人の記者たちが、降ろされる日本国旗を複雑な思いで見ていた。

そして、台北の栄民総医院の特別病棟では、蔣経国が人気がまったくない廊下を、一人の医者と連れ立って歩いていた。

「総統はすでに峠を越えられました。しかし、体は非常に衰弱なさっています。蔣院長、できるだけ話をされないほうが……」

医師のアドバイスに、

「わかった」

と言いながら、蔣経国は父・蔣介石に告げるべき内容の重さに憂鬱な思いだった。

医師が蒋経国のために病室のドアをノックした。静かに開けると目を閉じたままの蒋介石が、ソファにもたれながら、秘書が読み上げる古詩の朗読に耳を傾けていた。

蒋経国に気づいた秘書が朗読を止めると、蒋介石がゆっくりと目を開けた。

「何か用か?」と問いかけるように、衰えて深くくぼんだままの目を向けた。

顔面蒼白の老人の顔には、かつて辣腕をふるった風格ある様子は見る影もない。ただ、死を待つだけの淋しい老人……。

蒋経国は蒋介石の前に立って、敬礼をすると話しかけた。

「父上!」

蒋経国の様子に、蒋介石は秘書に向かって軽く払う仕種をした。

秘書があわてて席を外すと、蒋介石は目で訴えるように聞いた。

「どうした?」

「今日午前、田中と中共が北平(北京)で共同声明を発表しました」

蒋経国は傍らに置いてあるタオルを父の膝にかけながら、

「?」

何が起きたのかわからないというように、蒋介石は頭をめぐらせながら、蒋経国を見つめた。

「外交部に、日本へ向けて、彼らの信義を裏切る行為を厳しく非難する声明を出すように言いました。我が国の国民たちも大変憤慨しています。台湾全島が激しい怒りに満ちています」

蒋介石は手を振って、目を閉じると、蒋経国の言葉に、ガックリと肩を落とした。

落胆の様子に、蒋経国はただ黙ったままかける言葉をなくしていた。

長い沈黙の時が流れた後、やがて蒋介石は記憶の糸をたどるように、遠くを見ながら話し始めた。

「私と毛沢東は、半生をかけて勝負してきた。しかし、いつも負けている。二三年前、台湾に流れてきたとき、私はまだ、国際社会の朋友とともに、数年後にはきっと大陸を取りもどせると信じていた。だが、私の思いとは異なり、長いこと、世間には背かれ孤立してきた。いまとなっては大陸を取りもどすことが、夢となってしまったばかりか、こんな猫の額ほどの小さな存在さえ人に蔑まれている」

「……」

反論できない蒋経国としては、黙ってこれを聞いているしかなかった。

「私はもう長くはない。力がついていかん。すべてはお前にかかっているのだぞ」

「父上の言いたいことはよくわかりました」

蒋介石がうなずくと、蒋経国は続けた。

「しかし、現在の国際社会の傾向からみると、もう大規模な戦争は起こりえないと思います。

従って、経済の要因がだんだんと政治の要因に取って替わりつつあるのです。そしてそれが国家の地位を決定することになります」

黙って聞いている蔣介石を見て、蔣経国が続けた。

「ニクソンが訪中し、日本と中共が国交を結ぶと、我が政府にとっては何かと都合が悪くなります」

「……」

無言のままの蔣介石に、蔣経国は力強く語りかけた。

「しかし、全国民が冷静に力をつけて向上し、経済を発展させれば、政治上の不利もきっと帳消しになるでしょう。目下のところ、大陸の中共内部はいろいろな病理を抱えています。経済を顧みる余裕などありません。文化大革命後、混乱が続く今、我々にはチャンスなのです。共産党の経済はゆくゆくは崩壊します」

蔣介石は自分の息子が論じるのを頼もし気に見つめていた。

「中共は政治的に、ひとまず我々に勝ちましたが、我々は経済で彼らに勝利するのです」

そう蔣経国が力説すると、蔣介石が問いかけた。

「世の中の動きは定まらぬ。中共も、ひとたび政治上の欠陥を克服すれば、徐々に経済だって発展するだろう。そのとき、お前はどう対処するのだ？」

「私には、まだそれについては考えが及びません。ずっと後の人物に判断を任せたいと思います」

「……」

無言のまま、蒋介石は疲れたように目を閉じた。その様子を見て、蒋経国は静かに部屋を出ていった。

共同声明の調印式を終えた田中一行は、その日の午後一時三〇分、周恩来とともに上海行き特別機の待つ北京空港に到着した。

空港は四日前の到着のときとは様子が一変して、盛大な見送りとなった。両国の国歌が演奏され、三〇〇〇名以上の小中学生が花や色とりどりの紙テープを手にしていた。労働者や農民が大きく手を振り続けていた。その中から、

「歓送、歓送、熱烈歓送！」（歓送します。心から歓送します）

の声が湧き起こると、田中は手を高く上げてこれに応えた。そして二時半過ぎ、盛大な見送りと「熱烈歓送！」の声に送られながら、周恩来が田中一行を機内へと案内した。

中国人関係者がステップに立ち、田中一行に手を振って別れのあいさつをした。

共同声明を発表した直後、田中は「日本に帰ってやることが山ほどある。上海には寄らずに北京から直接日本に帰りたい」と言いだした。あわてた橋本中国課長が中国側に「田中総理は

内外ともにやらなければならないことが山ほどある。そこで上海に寄らずにそのまま帰りたいと考えている」と伝えたところ、韓叙・儀典長が飛んできて言った。

「上海に行かないなんて、とんでもないことです。周総理の立場が、非常に難しくなります。周総理のたってのお願いです。ぜひ、ご足労ください」

田中の上海行きを強く希望したのは周であった。毛沢東から外交面のすべてを託されていた周恩来としても、当時、絶大な権力を誇った四人組の本拠地は上海であり、その中心人物である張春橋・上海市革命委員会主任の機嫌を損ねず、日中国交正常化を既成事実とするためには、何としても田中を上海に連れていかなければならなかったのである。

そして中国側の「周総理が上海までご一緒するので……」という提案に、「周総理の顔を立てよう」ということになり、上海へと、当初の予定通り飛び立ったのであった。そして小中学生による「熱烈歓迎」の中、張春橋上海市革命委員会主任たちの出迎えを受け、また夜は上海市革命委員会が歓迎宴会を開いた。メインテーブルでは周が茅台酒を注いで回った。そして、翌九月三〇日午前九時三〇分、空港にはこれまでの最高である約六〇〇〇人が見送り、民族衣装の小中学生が口々に「歓送、歓送、日本貴賓」と叫ぶ中、田中らは周恩来、張春橋、姫鵬飛らに送られて上海を後にした。

田中らを見送った周恩来は、軍用機で北京・西苑飛行場にもどってきた。

空港には廖承志ら関係者が出迎えにきていた。

大きな仕事の後に空の移動が続いて、疲労が重なったのだろうか。何かに引っ張られるように、車まで歩く周恩来の足元がふらついた。

「あっ!」

と、思った廖承志が素早く支えると、周恩来は廖承志の手を借りながら車に乗り込んだ。

空港のある北京郊外から市内に向かう車の中で、緊張の糸が切れたのだろう、周恩来は、

「少し疲れた」

と言うと、廖承志が心配そうに見つめている隣りで、いびきをかいて眠り始めた。

七二年一〇月二三日、日中国交正常化を祝い、国交正常化に尽力した日本の各界の著名人に感謝の意を表すため、盛大なパーティが人民大会堂で催された。中日友好協会と中国国際貿易促進委員会などが共同で日中友好協会、日本国際貿易促進協会など日本側関係者五〇〇人あまりを招待したのである。

来賓の数は中国側を含めると、一〇〇〇人を超える規模となった。オープニングの時間がくると、すでに会場内を埋めつくした参加者たちのつくり出すざわめきが、会場いっぱいに満ちていた。

突然、騒然とした会場内の声が止み、静まりかえった。

「何だ」という疑問と「もしや」という期待のこもった参加者全員の目が入口の一点に集まると、そこには薄いグレーの人民服に身を包んだ周恩来が立っていた。

日中国交正常化の中国側の主役である周恩来の登場に、一〇〇〇人を越す参加者が立ち上がり熱烈な拍手を贈った。いつまでも鳴り止まない拍手の中、周恩来はたくさんの知人と順番に握手をしながら会場に入っていった。

西園寺公一、岡崎嘉平太、藤山愛一郎、中島健蔵、遠藤三郎、藤田枝子、松山樹子、清水正夫、古井喜実……。

会場のあちこちでお互いに懐かしい顔を見つけては、手を取り合って久し振りの再会を喜び合う姿が繰り返されていた。

そんな中で、廖承志も西園寺と手を握り合って、久し振りの再会を懐かしんでいた。しかも、その日は日中国交正常化の実現を祝う記念すべきレセプションである。二人にしかわからない、さまざまな感慨があふれてきてまさに感無量であった。

「廖さん、とうとうまたお会いできましたな」

「西園寺さん、ご苦労さまでした」

廖承志と西園寺がお互いを労りあう側では、真っ白な髪の岡崎嘉平太と孫平化が肩を叩きあって喜びを分かちあっていた。

「岡崎先生、我々にはこの先、まだまだ時間はたっぷりあります」

「今後ともよろしく」

宴たけなわの中、廖承志は藤田枝子と遠藤三郎に近づくと声をかけた。

「お元気でしたか？」

「廖先生……」

廖承志と枝子が固い握手をした。

遠藤もまた廖承志に向かって丁寧に頭を下げた。

「……」

枝子は、父親の遺骨を撫順の戦犯管理所そばの山に埋められたお礼を述べたかったのだが、涙で言葉が出てこない。枝子の目から堰を切ったように涙があふれるのを見ながら、廖承志は語りかけた。

「みなさんの心は、私は十分に理解しています。我々の今後の責任は、二度とあのようなことを起こさせないようにすることです」

やがて、盛況のうちに終了の時間が来ると、周恩来は宴会を締めくくるに当たって、一際華やかな雰囲気をたたえているテーブルに近づいた。そして、中国の文芸界の人々と歓談している日中文化交流協会代表の女優・杉村春子と高峰三枝子の二人を見つけると、花瓶に差してあった菊の花を両人に差し出しながら語りかけた。

「お二人は功労者です。中日友好の花が、この菊の花のように美しく咲き誇ることを願って、お二人に贈ります」

周恩来の粋な計らいに、会場は拍手と歓声に包まれた。杉村春子と高峰三枝子が、驚きながらも喜びと感謝の表情を浮かべて深々と頭を下げた。

宴会がやがて幕を下ろすのを惜しむかのように、拍手と歓声がいつまでも鳴り止まなかった。

［**証言**］丁民（元外務省日本課副課長）　田中総理は周恩来総理に、迎賓館の修復が終わったら第一番目の賓客として招待したいと言っていた。周総理も行ってみたい気持ちが強かったように記憶している。しかし、膀胱癌が進んでいたことは自分でもわかっていたはずなので、訪日は無理と思っていたのではないか。平和友好条約の締結が予想に反してずいぶん遅れたことで訪日できなかったのは本当に残念でならない。（二〇一二年六月）

日中国交正常化は日本の子どもたちだけでなく、ふだんは動物園になど足を運ばない若者や女性たちにも、大きな贈り物をもたらした。

それは中国が初めて外国に贈ったジャイアントパンダの「カンカン」と「ランラン」であった。

七二年一一月四日、東京・上野動物園では二階堂進官房長官が出席して、パンダの贈呈式が行われた。上野動物園には新しいパンダ館が設置され、一般公開された一一月五日の日曜日は、殺到した数千名の子どもたち、若者、女性客が長蛇の列をなしていた。

長い時間待って、ようやく対面できた子どもたちが、元気な声でパンダに向かって名前を叫んだ。

「ランラン、カンカン！」

「カンカン、ランラン！」

表の様子に、ほとんど興味を示さず、カンカンとランランは二頭だけの遊びに夢中になっている。その愛くるしい一挙手一投足に笑いが起き、「かわいい」という声が洩れた。

まさに、パンダブームの到来である。パンダのぬいぐるみもブームとなった。

日中友好の証として贈られたパンダは、子どもたちに平和の素晴らしさを教え、国と国との友好関係を考えさせるきっかけとなり、それは日中国交正常化に欠かせない存在となった。

中国からの日本への贈り物であるパンダに対して、日本からは中国に対して大山桜と五葉松の苗木が贈られた。

いまその桜は、北京の天壇公園で毎年春、鮮やかな花をつける。

天壇は一五世紀に「皇帝の祭壇」として天を祀り、明、清朝の歴代皇帝が、ここで五穀豊穣を祈った場所として知られているが、四〇年目の今年もその大山桜は咲き乱れていた。大山桜の華麗な美しさに、たくさんの若者たちが、桜の樹の下で記念写真を撮り続けた。

# おわりに

本年は、日中国交正常化四〇周年の記念すべき年である。この間、両国関係は大きな発展をとげ、新たな広がりと深みを増し、良好な日中関係はアジアと世界における安定のために欠くことができないものとなった。

本来であれば、両国がこれを祝い、これまでの日中関係を総括し、将来の日中関係をいかに進めるかについて議論し、そしてその方向に向かって双方が新しい出発をすべき年である。しかしながら、昨今の日中関係を見るとそこにはいろいろな問題が山積している。

尖閣問題をはじめ、最近の世界ウイグル会議東京開催問題は両国関係をあやういものとした。また中国大使館一等書記官「事件」等々、どれをとっても「四〇周年」を祝うにはほど遠い現状である。そして潜在化する「中国脅威論」も深刻な問題である。これらは国内政治の不安定さとあいまって、国民の対中感情をより低いものとしている。

日本と中国は一衣帯水の隣国であり、現在でも両国関係はアメリカと並ぶ最も重要な二国間関係（政府統一見解）である。そして両国には、その関係を規定した四つの文献が存在する。

それらは今後の日中関係の進むべき方向を示したものであるが、四〇年前に締結された日中共同声明はその象徴的な文献である。しかし、私の知るところでは、最近では、それらを知らない国会議員も多く、特に若い議員のなかではそれが顕著であるという。極めて残念なことである。

日中国交正常化への道は、平坦ではなかった。そこには当事者たちの努力と両国民の力強い支援があった。この度「四〇周年」を記念し、本書を出版することとした。本書は国交正常化までの経過を、主に中国の対日関係者らの証言をもとに、ドキュメンタリー的に読みやすくしたものであるが、「中南海の一〇〇日」――それは両国の国交正常化をはたすためのギリギリの選択であり、国交正常化は、新たな日中関係を拓くためにこの事業に携わった多くの人々が心血を注いだ結果なのである。そこには、日中の関係打開を目指した人々による数々のドラマがあった。田中内閣の成立、そして中国においては文革の嵐が吹き荒れるなかにあって、中央指導部＝中南海において数多くの闘争があったことは言うまでもない。そしてそのなかにあって、わずか一〇〇日間でこの偉業を成し遂げたのは、周恩来とこれに関わった廖承志はじめ多くの対日関係者と、田中角栄、大平正芳をはじめとする日本側の努力によるものであるが、そこにはたくさんの「秘録」といわれる、関係者による舞台裏の息詰る交渉や苦労話が存在する。私は、特に周恩来を中心に中国側メンバーの人間像を関係者の証言や資料から浮き彫りにすることで、日中国交正常化と政治家のあるべき姿について考えようとした。これらの資料は私が北京に滞在した一九九七年頃からあたためておいたものであるが、中にはそれ以前から訪中のたびに関係者から聴取したものも含まれる。一人ひとりの名前をあげればきりがないが、日中関係の重鎮であり、自らも正常化交渉に中国外務省顧問として参加された故・張香山氏の証言に負うところが多いのも本書の特徴である。

周恩来を尊敬する中国人は今もって多いが、「正常化」のために働いた人々のなかに彼を尊敬する人たちが多いことにもあらためて驚かされる。企画力と政策、決断力と実行力、そして人間性――これは政治家にとっての必須条件と考えるが、まさに周恩来はその模範と言えよう。そして田中角栄と大平正芳にも同じことが言える。「正常化」の過程において、田中と大平のリーダーシップもまた絶大であった。田中は外交については大きな方針だけを示し、詳細を大平と外務官僚に任せた。外務省が両者を支え、両者は官僚を使いこなしたのである。少なくとも、この二人がいなかったら「正常化」は不可能だったのではないか。いや締結されたにせよ、それはずいぶん遅れたのではないかと思われる。

ある日中関係の重鎮は「外交は忍耐と妥協だ」と言う。「小異を残して大同につく」は正常化を達成するにあたっての中国の基本的考え方であったが、その基礎は相手に対する「信頼」であった。

正常化交渉後、周恩来は「言必信、行必果」（言葉には信頼がもて、果敢に行動するの意味）と毛筆でしたため、田中角栄に贈り、田中は「信は万事の本なり」と揮毫し周恩来に贈ったという。

歴史が動く時、そこには必ず信頼できる人間関係が存在する。「正常化」までの経過をとおして指導者間の信頼関係がいかに重要であったかをあらためて指摘したい。一方で昨今の我が国の状況を考える時、毎年のように首相が代わり、一貫した外交方針を持てない政権に対し信頼関係を求めることは極めて難しいのではないか。そしてこのような政権に対し、先方が真剣な外交交渉に応じると考えるのは甘過ぎはしないか。良好な関係をつくるためには、信頼関係の構築と、そのための努力が求められる。

本来、「正常化」「周恩来」について書くことは私にとってとても重い作業であった。しかし、「正常化」から四〇年が経ち、今や当時を知る人は少なくなりつつある。正常化交渉の正式メンバーは全員が物故され、事務方としてこれに参加した方々も数名を残すのみとなったなかで、彼らの証言を集め、「正常化」の偉業を後世に伝えていくことは日中間の歴史を考えるうえで極めて重要である。生前、この私の提案を支持し暖かいまなざしを傾けてくれたのは、今は亡き張香山氏であった。一九八四年から生前、浅学非才な私に日中関係について懇切丁寧に教えてくれた氏にあらためて感謝の意を表したい。また本書の原稿段階で目を通していただいた丁民氏、そしてご協力いただいた中国の関係者の皆様に感謝するとともに、益々のご健康を祈りたい。特に本書の企画段階よりこれを支持し、また多くの皆さんとの調整、また時には通訳の労をとっていただいた現バングラディシュ大使の李軍氏（元中連部二局長）には感謝の気持ちで一杯である。氏がいなかったらこの本の出版は不可能だったであろう。

本書の内容はまだまだドラマのほんの一部に過ぎないが、本書を通して、これにかけた先人たちの思いを汲み取っていただき、今後の日中関係を考える上での参考にしていただければ筆者としてこんなに嬉しいことはない。

最後に毎回にわたって、私のわがままを聞いていただき、今回も出版までこぎつけてくださった三和書籍の高橋考社長と編集部の下村幸一、藤田誠典の両氏に衷心より御礼申し上げたい。

二〇一二年八月

鈴木　英司

# 参考文献

《日本》


・『周恩来の決断』NHK取材班編、一九九三年（NHK出版）
・『日中復交ードキュメント』時事通信社政治部編、一九七二年（時事通信社）
・『日本人の中の周恩来』周恩来記念出版委員会編、一九九一年（里文出版）
・『周恩来・最後の十年』張佐良著、早坂義征訳、一九九九年（日本経済新聞社）
・『日中戦後関係史』古川万太郎著、一九八八年（原書房）
・『中国と日本に橋を架けた男』孫平化著、一九九八年（日本経済新聞社）
・『永遠の隣国として』蕭向前著、竹内実訳、一九九七年（サイマル出版会）
・『米中外交秘録』銭江著、神崎勇夫訳、一九八八年（東方書店）
・『戦後日中関係五十年』島田政雄、田家農［著］、一九九七年（東方書店）
・『キッシンジャー「最高機密」会話録』ウィリアム・バー編、一九九九年（毎日新聞社）
・『日華断交と日中国交正常化』田村重信、豊島典雄、小枝義人［著］、二〇〇〇年（南窓社）
・『近代中国革命史に見る酷烈とさわやかさの中国学』佐藤慎一郎著、一九八五年（大湊書房）
・『日本と中国　永遠の誤解』稲垣武、加地伸行［著］、一九九九年（文芸春秋社）
・『中国文章家列伝』井波律子著、二〇〇〇年（岩波書店）
・『中国詩人伝』駒田信二著、一九九一年（芸術新聞社）
・『現代中国』王曙光他編、一九九八年（柏書房）

・『日中関係の管見と見証』張香山著、鈴木英司訳、二〇〇二年（三和書籍）
・『人間　周恩来』蘇叔陽著、竹内実訳、一九八二年（サイマル出版会）
・『転換期の安保』毎日新聞社政治部編、一九七九年（毎日新聞社）
・『長兄―周恩来の生涯』ハンスーイン著、一九九六年（新潮社）
・『日中国交正常化』服部龍二著、二〇一一年（中央公論社）
・『ニクソン訪中機密会談録』毛里和子、毛里興三郎［著］、二〇〇一年（名古屋大学出版社）
・『日本外交の証言』中江要介著、二〇〇八年（蒼天出版）
・『永遠の隣国として』肖向前著、竹内実訳、一九九四年（サイマル出版会）
・『日本との三〇年』孫平化著、安藤彦太郎訳、一九八七年（講談社）
・『日中関係　一九四五―一九九〇』田中明彦著、一九九一年（東京大学出版会）
・『日中国交正常化・日中平和友好条約締結交渉』石井明、朱建栄、添谷芳秀、林暁光［編］、二〇〇三年（岩波書店）

《中国》
・『美国与中日関係的演変』廉徳魂著、二〇〇六年（世界知識出版）
・『中国共産党対外交往紀実』李健著（当代世界出版）
・『中日関係管窺与見証』張香山著、一九九八年（当代世界出版）
・『中日関係五十年』呉学文著、二〇〇二年（時事出版社）
・『外交談判』陳敦徳著、二〇〇五年（中国青年出版社）

・『新中国外交』陳宏著、一九九九年（解放軍文芸出版社）
・『新中国外交史』黄安余著、二〇〇五年（人民出版社）
・『戦後中日関係文献集　一九四五―一九七〇』田桓編、一九九六年（中国社会科学出版社）
・『戦後中日関係史年表　一九四五―一九九五』田桓編、二〇〇二年（中国社会科学出版社）
・『戦後中日関係史　一九四五―一九九三』田桓編、二〇〇二年（中国社会科学出版社）
・『周恩来年譜　一九四九―一九七六』中共中央文献研究室編、一九九〇年（中央文献出版社）
・『周恩来中国外交第一人』曹応旺著、二〇〇〇年（山西人民出版社）
・『周恩来伝』金冲及主編、一九八九年（人民出版社）
・『老外交官回憶周恩来』田曹佩、王泰手［編］（世界知識出版社）
・『廖承志伝』鉄竹偉著、一九九八年（人民出版社）
・『我的履歴書』孫平化著、一九九八年（世界知識出版社）
・『中日友好随想録』孫平化著、二〇〇九年（遼寧人民出版社）
・『松村謙三集団和中国』翟新著、二〇〇七年（社会科学文献出版社）
・『中日関係堀井人』王俊彦著、二〇一〇年（世界知識出版社）
・『風雨陰晴風―我所経歴的中日関係』呉学文著、二〇〇二年（世界知識出版社）
・『新中国外交風雲―外交官回顧録』中共中央文献研究室編、一九九〇年（世界知識出版社）
・『周恩来外交文選』中国外交部中央文献研究室編、一九九〇年（中央文献出版社）
・『当代中日関係（一九四五―一九九四）』呉学文著、一九九五年（時事出版社）
・『周恩来的最後歳月　一九六六―一九七六』安建設編、二〇〇二年（中央文献出版社）

[著者略歴]

**鈴木　英司**（すずき　ひでじ）

1957年茨城県生まれ。法政大学大学院修士課程修了。専攻は中国の政治外交。1983年、中華全国青年連合会の受け入れにより初訪中。以降訪中歴は約200回。1983年張香山氏（中国共産党中央対外連絡部副部長や中日友好協会副会長、中日友好21世紀委員会の中国側首席委員などを歴任）と出会い、交友を深める。1997年に北京外国語大学の教壇に立ち、2003年まで3大学で教鞭をとる。張香山氏著作『日中関係の管見と見証』では訳・構成にあたった。他に翻訳書として金熙徳著『徹底検証！日本型ODA――非軍事外交の試み』がある。現在、一般社団法人日中青年交流協会理事長。北京市社会科学院日中関係研究センター客員研究員。

# 中南海の100日
## ――秘録・日中国交正常化と周恩来――

2012年　9月　10日　第1版第1刷発行

著　者　鈴木　英司

発行者　高橋 考
発行所　三和書籍

〒112-0013　東京都文京区音羽2-2-2
TEL 03-5395-4630　FAX 03-5395-4632
http://www.sanwa-co.com/
sanwa@sanwa-co.com

印刷所　モリモト印刷株式会社

乱丁、落丁本はお取り替えいたします。
価格はカバーに表示してあります。

ISBN978-4-86251-139-3　C1031

# 三和書籍の好評図書

Sanwa co.,Ltd.

〈国際日本学とは何か？〉

## 中国人の日本観

——相互理解のための思索と実践——

王敏　編著　A5判／上製／433頁／定価3,800円+税

●国際化が加速するにつれ、「日本文化」は全世界から注目されるようになった。このシリーズでは、「日本文化」をあえて異文化視することで、グローバル化された現代において「日本」と「世界」との関係を多角的に捉え、時代に即した「日本」像を再発信していく。

　本書は、中国の研究者による実証的な日本研究成果を纏めた論集。他者の視点による「異文化」という観点から日本文化研究の新局面を切り拓く。

〈国際日本学とは何か？〉

## 内と外からのまなざし

星野勉　編著　A5判／上製／318頁／定価3,500円+税

●本書では、2005年、フランス・パリ日本文化会館にて開催された国際シンポジウム「日本学とは何か——ヨーロッパから見た日本研究、日本から見た日本研究——」の発表を元に、主に欧米で「日本文化」がどう見られているかが分かる。

〈国際日本学とは何か？〉

## 日中文化の交差点

王敏　編著　A5判／上製／337頁／定価3,500円+税

●近年、さまざまな方面で日中両国間の交流が盛んに行われている。本書では、「日本文化」研究の立場から日中の文化的相似や相違を分析・解説し、両国の相互理解と文化的交流の発展を促進する一冊である。